以自己喜欢的方式过一生 2

林特特 著

青岛出版社
QINGDAO PUBLISHING HOUSE

图书在版编目（C I P）数据

以自己喜欢的方式过一生2 / 林特特著. -- 青岛 : 青岛出版社, 2019.4
ISBN 978-7-5552-8034-7

Ⅰ. ①以… Ⅱ. ①林… Ⅲ. ①长篇小说－中国－当代 Ⅳ. ①I247.7

中国版本图书馆CIP数据核字(2019)第033297号

书　　名　以自己喜欢的方式过一生2
著　　者　林特特
出版发行　青岛出版社
社　　址　青岛市海尔路182号（266061）
本社网址　http://www.qdpub.com
邮购电话　010-85787680-8015　13335059110
　　　　　0532-85814750（传真）　0532-68068026
责任编辑　郭东明
责任校对　耿道川
特约编辑　闫　砦
装帧设计　蒋　晴
印　　刷　天津联城印刷有限公司
出版日期　2019年4月第1版　2019年4月第1次印刷
开　　本　32开（880mm×1230mm）
印　　张　8
字　　数　150千
书　　号　ISBN 978-7-5552-8034-7
定　　价　39.80元

编校印装质量、盗版监督服务电话　4006532017　0532-68068638
建议陈列类别：畅销·都市言情

CONTENTS

目录

我能想到、
最浪漫的旅程——
掠过许多风景、
最终抵达你的心里。

她心里的声音告诉她：她要回深圳解决一些事，再做一些事，现在还来得及。

至于以后，哪怕还是两个人、两座城，他们经历了这么多，距离又算什么呢？

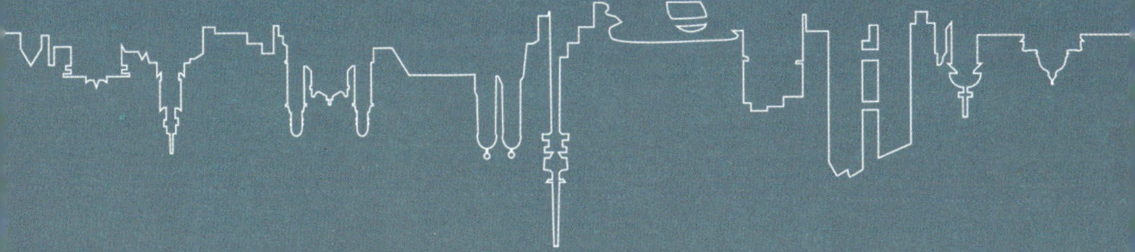

火车开向何方

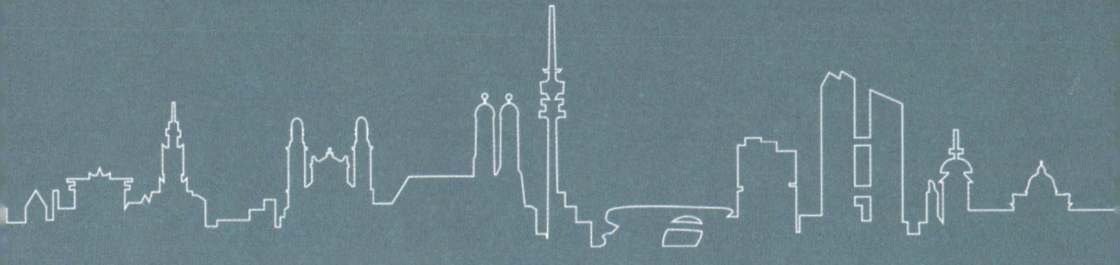

火车开向何方

一、

凌夕每次坐火车，都会自备两块大毛巾。一块，用来遮盖枕头，一块，用来包住被头。

有一年夏天，她被派去北方的一个风景区出差，时长一个月。

前几天，她每天有三分之一的时间，都耗在大巴车上。大巴车在山山水水间上下、盘行、挺进，凌夕忽而醒、忽而睡，只见窗外忽而青、忽而白。是的，白——高山上还有积雪，这让来自南方的她惊奇万分，也惊喜万分。

大巴车上，显然不止她一个人对夏日雪景有兴趣。

一日，在众人建议下，司机大哥将车停在道路平坦处，让大伙儿下去拍拍照，实地触摸一下雪。凌夕嗖地蹿了出去，成了摸雪第一人；稍后，她又嗖地蹿了回来，从大背包中急吼吼地翻出毛巾。

原来，一路随车上下、盘行、挺进，已让凌夕的胃里翻江倒海，再加上她下车的动作幅度太大，所以当她冲向积雪，手刚触碰到冰凉的雪，嘴就不受控制地张大，哇哇地吐了。

客套地嘘寒问暖的、叮嘱着喝点热水的，共计有七八个人表示了对她的安慰。

只有一位发型为圆寸、穿着藏青色棒球夹克的男士，凝视着凌夕的小圆脸，凑近轻声提醒："快，把脸擦擦吧。"他的意思是，凌夕的嘴边还有污秽。

凌夕拿着黑了屏的手机照照自己，着实不雅。她先拿手背草草擦了擦，就赶紧回车上去了。

"幸好，我习惯在旅行包里放两块干净的毛巾。"她靠在大巴车的椅背上庆幸地想。

整个车厢都空了，嘘寒问暖的、叮嘱喝热水的，都没回来；司机在车门处点了一支烟，默默抽着，他冷漠地看着雪，看踏着雪的零零星星几只羊，看为雪着迷、为羊欢呼呐喊、莫名其妙的外地人。

二十分钟后，发型为圆寸的男士回来了。

他的手里多了两样东西，一是保温杯，新的，灌满了热水；二是湿纸巾，没拆封的，商标令人发笑。凌夕常用的卫生类产品是"清风"牌，而他手中的是"一阵清风"牌。

捧着这两样东西，他从车头走向车尾，走向凌夕，把它们递到她手中。

他解释说，附近有个收费站，收费站里有间小超市，他刚进去溜达了一下，就瞅见了杯子和湿纸巾，想起凌夕刚吐过，觉得车上的矿泉水可能不太适合她，于是……

凌夕一阵感激，接过东西，连声道谢。

他戴着一副会变色的眼镜，虽然高山上有残雪，可艳阳正集中精力注视着高山呢。他和凌夕解释的这一会儿工夫，眼镜片已经从墨色渐渐转为茶色。可无论是墨色，还是茶色，他的目光藏在镜片后，凌夕都看不清。

须臾，下车的人都回来了，欢声笑语一片。

一位姓陈的精瘦男士向一位姓张的丰满女士献殷勤，他捡到一枚松果，像举一朵花一样举着，送给张女士。他半真半假地说，这是来自雪山的表白，张女士含羞接过了，众人哄笑不断，全车气氛达到最高潮。

司机掐断烟，上车和负责接待的工作人员确认了人数，“一个没少，一个没多”，又喊了一遍“如果还有没来的，旁边的人帮忙举一下手！”发现没人举手，司机便关了车门，发动了大巴。

忽然，司机又喊了一句：“刚才是不是有位女同志吐了？请坐到前面来吧。”

凌夕休息了一会儿，又喝了点热水，已经好了很多，但所有人关切的姿态都投放到她身上的话，她承受不起，所以马上接受司机的建议，起身走向了车头。车头只有刚刚照顾过她的“圆寸男”身边有个空位，凌夕向他点点头，坐下来，手中还抱着他刚送的保温杯。

“Hi！”

“Hi！”

“好点没？”

“好多了。”

“不错，你还知道出门带着大毛巾。”圆寸男打趣。

“我习惯了，只要出差都带大毛巾。”凌夕解释，解释她的洁癖，解释只要睡火车卧铺，她的脸部皮肤就必须在自己的织物包围中。

“是啊，干咱们这一行，真是要经常出差。”圆寸男感慨着，他也说起他的怪癖——走到哪儿都带着保温杯，得有茶喝。他拉开藏青棒球夹克左侧口袋的拉链，掏出一个银色圆盒，铁皮制，直径五厘米，高三厘米。圆寸男拧开盒盖，里面放的是茶叶：“我自己打的盒子，能放下刚好够泡两次的茶叶。”

凌夕摸摸圆盒，来了兴致：“回头，我出差也弄一个这样的盒子！”

凌夕和方砺其实是广义上的同事，事实上，全车的人都属于铁路系统，这次是由上级主管部门协调组织了一个代表团，大家一起开会、调研及培训。

圆寸男表示，他主要是搞信息方面的研究的，至于凌夕，第一天的会议上，她已经发过言，发言主题是如何提高铁路运输收入管理的效率。

大巴车车头朝上，缓缓爬坡时，圆寸男复述了凌夕的主要论点和案例；大巴车紧张、谨慎地往下俯冲时，凌夕像个女八路，紧紧握住胸前的安全带，睁大眼睛，瞪着他：“你记性真好！”圆寸男的眼镜片这时已经变得透明，镜片后的一双眼黑白分明，泛着亲切的笑意。

他们一路说着话，她的胃就安分了很多。

他们一路坐在一起，吃饭时也自然而然地还在一起。

午饭在路边解决，大家一起走进了一家农家乐。

此时，凌夕已经将圆寸男的姓名和人对上号了。

负责接待的工作人员喊他“方砺老师”，凌夕也跟着喊，喊的时候，方砺的手顿了一下，顿的理由是：“咱们就不用客气了吧，别喊老师了，叫我方砺就行。”

凌夕有点窘地笑笑，然后，把嘴角收成好看的酒窝，答应了：“好的，方砺。”方砺的手恢复正常，他正在舀一碗粥，舀至七分满，搁在凌夕面前：“你今天就多吃点温和的、稀的、热的东西吧。”

与会的人一共四十多位，每顿饭，要安排五张大桌。

晚饭时，1号桌上，姓陈的男士还在向张女士献殷勤；2号桌上，话题是最近出台的新规定；3号桌上，大家在谈各自单位的待遇，相同境遇的人们忍不住互相击掌，声声叹息；4号桌上，众人在斗酒；

5号桌上，像朱自清在《荷塘月色》中描述的那样，“叶子与花有一丝颤动，像闪电般，霎时传到荷塘那边去了”，叶子是方砺，花是凌夕，荷塘是桌子和菜，是所有旁观者。他们之间暧昧的气息，初时不明显，但越来越分明，等到上果盘时，已经有人开他们的玩笑：“方砺，快把摆盘的萝卜花送给凌夕吧！”

二、

在星级酒店，他们足足开了二十多天会。

方砺的报告安排在第十七天，共计两个小时。

他在台上的样子和台下完全不同，台下的他是温柔的，台上的他，却姿态举重若轻，声音抑扬顿挫，表达观点清晰有力。本来是枯燥乏味的技术性讲座，竟被他说得满座春风，人人对他的工作都心生向往。

强光下，方砺的圆寸和他的方脸显得无比熨帖。

镜片后，他的一双眼睛，黑是黑，白是白，目光清澈而深远。

他颇会勾起听众的好奇心，时不时互动，互动时他便两手按住演讲台的两角，呈压迫状、权威状。他蓝色衬衫的袖子折了三折，手臂露出的那部分，肌肉突出，血管鼓鼓，满是荷尔蒙的味儿。

凌夕坐在第一排的正中间。

如果说，她之前觉得方砺还不错，此刻，则是完全被他吸引。

她听见自己的小心肝跳得扑通作响，讲座的后半个小时，她基本是麻木的。别人鼓掌她也鼓掌，别人小声讨论，她跟着嗯嗯啊啊。

茶歇时，睡在隔壁房间的李姑娘见凌夕人在她旁边，眼睛却总是围着方砺转，便拿胳膊肘顶她，冲方砺的方向一挑眉毛，问道："看上他了？"凌夕不说话，李姑娘又道："那就上啊！男未婚，女未嫁的。"李姑娘倒了杯橙汁，凌夕还是不说话，只把保温杯的盖子拧了又拧。

吃饭时，是试探，也是表示心悦诚服，凌夕把萝卜花轻轻搁在了方砺的盘子里。

这几天，他们一直坐在一起。方砺正凝神细听同桌的人继续刚才讲座引发的疑问，思考着如何措辞回答，突然看见自己的盘子里多了朵萝卜花，眼睛一闪，愕然对上凌夕的眼睛。

凌夕没啥不好意思，一歪头，两个嘴角在丰润的脸颊上微收，又形成好看的酒窝。她半开玩笑半认真地道："方老师上午说得真好！我没有疑问，我只有敬意和……仰慕。"

全桌大笑，有人提议，共同举杯敬方砺。

碰杯声哐哐哐！

方砺的脸喝红了。

"下楼散步吗？"

萝卜花有魔力，晚上八点多，凌夕在房间收到了方砺的信息。

“好。”她毫不犹豫，她是进攻型选手。

其实，他们两人都是进攻型选手，眼看会议已近尾声，众人即将各回各的城市，各回各的单位，不抓住机会，他们就猴年马月才有时间再相聚、再表白了。

他们约定半小时后，在酒店的后花园见。

这半小时，凌夕用火箭般的速度洗了头、洗了澡，拿吹风机吹了三分钟头发；她用了素颜霜，接近无妆的状态，脸却比无妆时更粉嫩；涂上珊瑚色的口红，她营造出了少女嘟嘟唇的效果；没喷香水，因为她有自信，半湿的头发带着洗发水的香，较香水更清新、自然、撩人……

她穿了一件奶油底色豆沙波点的裙子，雪纺质地，裹得自己像年画中娃娃们抱着的鲤鱼般丰腴。她蹬上奶油色的坡跟鞋出门前，又拿起保温杯，喝了口热水。

他们在后花园转了又转。

郁郁葱葱的树，零零落落的仿民国式路灯。

假山有一处泉眼，眼中突突流水；月季盛开，朵朵碗口大，散发着迷人的香。

他们沿着一条鹅卵石铺就的环形小路走着。

小路仿佛自千朵月季中劈开。

他们谈了很多，在很多话和很多花中表达自己，观察对方，在关键话题上，不忘刨根问底。

转到第三圈。

“你的男朋友呢？在哪里工作？”

“你先说，你的女朋友呢？”

“我没有。”

“那我也没有。”

转到第五圈。

“为什么没有？你条件不错啊。”

“你呢？为什么没有？你的条件也不错啊。”

“凌夕同学，请不要做复读机。”

“方砺同学，我顶多做了自动回复机。”

“一直没有遇到合适的。”

“我遇到过，但最后发现还是不合适。”

转到第七圈。

“你说，我们现在算不算暧昧？”方砺终于聊到正题。

“你说呢？”凌夕俏皮地把球推回去。

“你说，暧昧久了，会怎样？”方砺又问一句。

“会忘。”凌夕多机灵，她说的是事实，也鼓励方砺赶紧表白，加速度，别等暧昧久了真的忘了。

方砺停住脚步，凌夕也停了下来。四目相对，方砺正打算正式开口，忽然，一个声音闯进来。

“你不会忘了我吧？”

凌夕真的激灵了一下，方砺也跟着面色一白。

两人循声去寻找发声的人，绕过一层累累的花墙，发现姓陈的男士靠着墙，张女士靠着他，她正埋在他全是骨头的肩窝处，隐隐发出哭声。

凌夕吃惊地一捂嘴，方砺拉一拉她奶油色的泡泡袖，示意她离开。

两人一阵快走，离开了案发现场。所谓案发，因为刚才那两人都各有家庭，熟男熟女间荤素不忌的互撩，没想到竟真的滋生出了婚外情。

但方砺有奇解。

在后花园转的第十三圈。

爱好、经历、家人、工作的具体内容、未来的发展方向、国家大事、经济形势全部聊完后，他们又捡起了之前的话题。

方砺问，你对姓陈的男士和张女士的事儿怎么看？

凌夕的心里咯噔一下，没想到他那么八卦，浓浓的好感中，她原本为方砺打 98 分，瞬间降低为 68 分。

谁知，方砺就没打算找她要答案，还像白天在台上似的在做设问，停顿几秒后，自顾自回答："我们不要等到结婚后，才发现喜欢的另有其人，遇见了，就抓住吧。"

凌夕心中一动，面上一烫。

在天上星光、路边灯光的映照下，方砺眼中，绯红的月季花都没有凌夕的脸色娇艳。她低眉顺眼，像在等着什么，浓密的睫毛像扇子，扇着风，点着火，扇旖旎的风，点方砺的火。他垂下头，凑过去，是拿嘴唇凑的，凌夕没有躲闪，用珊瑚色迎接方砺。

剩下的几天，每分每秒都很美妙。

两人捅破了那张纸，反倒刻意保持着距离，即便坐在一起，沟通也只用手机。

"你发言不错，有水平。"

"我觉得你最有水平。"

"寒碜我。"

"不，真的。"

"哎，单位里的女同事都说我是工作狂。"

"我就喜欢工作狂。"

"这是什么毛病？"

"真的，我上学时只喜欢学霸，工作后只喜欢工作狂。"

"说明你也是工作狂。"

“对，识货！”

这是他们在会议室的对话。

“我不喜欢香菜、不喜欢芹菜、不喜欢花菜。”

“那还有你能吃的吗？”

“我想吃螃蟹、想吃虾、想吃扇贝。”

“这是在北方！正视现实！凌夕同学！”

这是他们在食堂的对话。

“下楼散步吗？”

“好。”

“散步之后呢？”

“你想怎样？”

“今晚别回去了，好不好？”

“好。”

这是他们在晚上的对话。

“今天下午的集体讨论，你去吗？”

“我不想去。你呢？”

“我也不想去。”

“你的意思是？”

“我去一会儿，坐坐就走。我们不要一起离场或同时不出现。”

“好，我听你的，咱们何苦做别人的话题。”

“等我电话。”

“好。”

这是他们在白天的对话。

“我不想离开你，不想回深圳。”

“我也是，不想回石家庄，想跟你去南方。”

“你会来看我吗？”

“会。”

“睡卧铺，你要记得用我的毛巾。”凌夕将她常用的两条大毛巾中的一条赠予方砺。

“好，当你喝茶的时候，就要想到我。”方砺把随身带的铁皮茶叶盒，回赠给了凌夕。

这是他们在火车站的对话。

大家依依惜别，姓陈的男士脸色肃穆，姓张的女士瘪着嘴。李姑娘向举着小旗子的工作人员提议，不如，大家就在候车室拍张合照吧。

多年后，再翻那张照片，凌夕仍能看见那时的自己，极力克制，却掩不住恋爱的喜悦。她的眼睛里燃烧着小火焰，嘴角陷在圆脸盘里，形成好看的酒窝。

而方砺站在她候车座位的后面，衬衫的袖子折了三折，胳膊裸露的部分，肌肉突出，血管鼓鼓，他将两只手按在凌夕椅背的两侧，她几乎是在他的怀里。

集体照中，其他人似乎都是他俩的背景，人潮汹涌的火车站是大背景。

翻看那张照片，凌夕能感觉到脖子后面的痒，是方砺的呼吸，以及他满身荷尔蒙的味儿。

那天，等凌夕上了车，放好行李，拿上保温杯去车厢尽头接了一杯热水，泡上银色铁皮盒中的茶叶，她又开始想念方砺了。

她在手机上敲了几个字，还没发出去，已经收到方砺发来的信息，和她想发的内容一样："爱你，想你。"

她还没回，方砺的短信又来了——

"我不想只是一夜情，我想和你一直在一起。"

"不是一夜情，是多夜情。"

"你又调皮！"

"放心，我会对你负责的。"

不知为什么，凌夕想到方砺人前一本正经的精英样儿，就想戳穿他、调戏他。

放下手机，凌夕的脸发烫。想想过去的一个星期，如梦似幻，飘飘欲仙，她吹一吹茶叶，没喝，把杯子和杯盖都搁在了车窗宽宽的窗棱上。

窗外，忽而阴，忽而晴，忽而飘过大朵的云，像她此刻的心情，忽而喜，忽而恼，忽而忐忑。是啊，现在他们很甜蜜，但以后呢？将来呢？未卜，不定。

三、

一个星期后，方砺追了过来。

他去凌夕邻近的城市办事，办完后就火速买票，坐了半小时火车，来看凌夕。

他夹着公文包，站在凌夕单位的出口处，看到疑似凌夕的身影自大门处一闪，便给她打电话："你今天穿的是红裙子吗？"

"是，你怎么知道？"他远远看见凌夕因诧异而四处张望的脸。

"猜的，心有灵犀。"他还装。

"胡说八道。"

"胡说八道？"这一句，是方砺站在凌夕面前说的，凌夕激动地扑进了他怀里。

类似的场景，两年内发生了好多好多次。

他们几乎每周都见，节假日更不用说了，总是厮守在一起。春宵一刻值千金，千金又千金，两年怕不是积攒了一座金山、一间金库？

两年的时间，他们去过很多城市，不是"驴友"，胜似"驴友"。

石家庄周边、深圳周边。

方砺的老家湖南、凌夕的老家海南。

全国各地，名山大川。

方砺最大的爱好是爬山，有业余选手中最专业的登山装备。凌夕渐渐也把装备添置齐全了，但还是方砺口中那个“专业女朋友中最业余的登山选手”。

好几次，两人跟着登山爱好者的团队，在山头支起帐篷露营。他们点起篝火，披一条毛毯，相拥看星星，脚下的城市，起码闪着一百万盏灯。

方砺总坐在凌夕身后，用自己的两只手按住她的两只手，让她在自己的怀里，像当年在火车站临别时那样，只不过他们现在贴得更近、更紧。

“现在，天地之间，只有你我，只有快乐，只有逍遥，没有烦恼。”凌夕总依偎着他，这么说。

烦恼，是啊，烦恼。

他们如此相爱，是天造地设般的一对，能有什么烦恼？

所有异地恋的烦恼，他们都有，尤其是在热恋期过去后。

烦恼一：距离。

这是不争的事实，今天他们身边发生一件事，需要救助，需要商量，起码需要倾诉——现在就要，马上就要！如果恋人在身边，这些“要”立刻就能实现，但隔着几千公里，最快也要第二天才能解决。何况，两人都是上班族，第二天不是周末的话，还是不能解决。

凌夕搬家，要靠自己。

凌夕出差，深夜下火车打车回家，要靠自己。

凌夕把洗衣机从卫生间挪到阳台，也要靠自己。

凌夕在本城最繁华的街道上走来走去，看见别的姑娘都挽着男朋友，而她只有自己。

而方砺一个人做饭，一个人洗碗。

方砺一个人加完班，和衣在客厅睡着了，他梦见有人给他盖被子，醒来发现真的是梦。

方砺一个人生病，一个人去医院，一个人输液，一个人回来，熬汤给自己喝。

方砺给十个同事做过伴郎，一年后，他给其中五个新爸爸的孩子做了干爹，但他真正想做的是亲爹。

烦恼二：猜忌。

既然有距离，就难免有猜忌。

信息不能秒回，猜忌。

电话不能秒接，猜忌。

下班没有按时到家，猜忌。

看了一场电影，说不清楚和谁去看的，说是自己去的，都会被猜忌。

“爱情变成一道证明题，已知的是我爱你，要求证的是你爱我，而异地恋就是忙碌在运算过程中。”凌夕在网上看到这句话，在一次因猜忌而大吵、最终和好后，发给了方砺。

其实早在方砺第一次去看凌夕时，就在短暂的亲热后，提出要请凌夕所有的朋友吃个饭。他的理由很简单，就是想要宣告从此之后凌夕是他的，不许凌夕当他是背后的男人。

同样的事也发生在凌夕身上。

方砺所有的社会关系都在她的掌握中，她甚至会通过计步软件去监测方砺今天在哪里，在做什么，和谁在一起。

“一千步以内,说明你在办公室,如果你说出去办事,就是骗我。”

“五十步以内，说明你还在床上，现在几点了？还没起？和谁在床上？”

“你一万步，她也一万步，你们还一起出差？你是不是陪她去哪玩了？”

“三万步！你不开心吗？需要出去狂走吗？不开心为什么不告诉我？我不是你最亲密的人吗？”

方砺无计可施，后来删除了计步软件。

烦恼三：城市。

既然烦恼一、二成了常态，解决距离、解决猜忌的迫切性，就摆到了他们眼前。

两人必须做出抉择，如果继续维系关系，是两人一起去石家庄、深圳，还是别的城市？

虽说在同一个系统，他们想调动也没那么容易，更何况两人意见还不统一，谁也不愿放弃自己的事业。

事实上，回到两年多以前，那个代表团，能参加的，都是各自单位的“尖子生”，如今又过了两年，方砺升了职，凌夕新建立了项目组，每个人的事儿都不能半途而废，也都不想换新单位、重新论资排辈。

然后他们就在漫长地谈判、讨价还价、博弈。

以爱为砝码，以爱互相要挟。

一次争吵中，方砺摔了保温杯，凌夕提前回了深圳，临走前，她把铁皮制的茶叶盒踩瘪，扔在客厅的最显眼处。

但同时，他们又默默关心着对方。

方砺一如既往地每天给凌夕发天气预报和暖心的穿衣提示，为凌夕寻找适合她的工作机会，但以凌夕的能力，那些职位均是屈就。所以，他在替她想别的办法。

而凌夕也为了方砺平生第一次送礼，她托关系、找领导，艰难开口，希望能妥善安排方砺的工作。

她明知道那领导对她有意思，还打扮得花枝招展，心一横，按领导的安排，于周末他独自在家时，上门拜访。

过程中，她推让、迂回，关键时刻不搭腔、打太极，说了很多言不由衷的、仰慕的话。领导见凌夕实在对他没有意思，哪怕自己主动、装作无意用膝盖去碰凌夕的膝盖，凌夕也躲闪着避开。那种有求于人又为难着绝不就范的复杂表情在凌夕脸上闪烁，领导最后于心不忍，也无心强迫，只好长叹一口气，摆摆手："小凌啊，你的情况，我知道了，我会考虑的，你回去吧。"

凌夕留下礼品，从最艰难的会晤现场撤离。

一天，方砺继续发天气预报："雨，带伞。"凌夕回："开门。"

冷战后，她一直不回消息，现在她自己回来了。

凌夕通知方砺，工作的事儿以后再说，既然长期以来两人的吵吵闹闹都围绕着对方是不是不爱自己了，现在，她就主动证明一下。

她打开箱子，从夹层掏出了一个透明文件袋，取出集体户口页首页的复印件，那上面已加盖了公章，还有集体户口页写着"凌夕"的那页原件，身份证……

方砺穿着T恤、短裤，站在客厅中央，牙都没刷，赶紧取了一片口香糖，嚼着，也思索着。凌夕看着他从惊愕到情绪平复，冷笑着问："怎么，你后悔了？我是来结婚的。"

方砺当然配合了凌夕的行动，他们火速择了吉日、办了手续，在一个飘雪的上午，完成了重要的人生仪式。

婚礼是在山上举行的，亲朋好友们被一辆大巴车拉上山，碗口大的绯红月季花也被拉上山，摆成心形。有人窃窃私语，新郎要么小气，要么上当了：“这不是真的玫瑰！”

只有当事人相视一笑，暂时忘掉了那些烦恼。

四、

方砺和凌夕的离婚手续，隔了很久才办。虽然两人的婚姻生活实际只维持了几个月，但在此期间发生了两件事。

方砺被外派去援助兄弟国家的高铁建设，他希望凌夕作为妻子和他一起去。这样一来，凌夕的工作问题解决了，她作为随军家属，也会被照顾。

这事儿对方砺来说很重要，他来主持一个大项目，无论是操盘的挑战性、成就感，还是对他以后的前途来说，都是添砖加瓦、镀金又长真本事的选择。

但凌夕拒绝了。

她瞒着方砺忙活的调动，已初见眉目。经领导提示，有一纸结婚证，他作为家属就好办了。

她本想等实锤落下，再揭开大幕，把金蛋砸给方砺看，让他惊喜。但现在，她不得不提前告知他了。可方砺没有惊喜，只有不爽，只有质问：“为什么我要听你的？你为什么不能听我的？”

“你心里只有自己。”

“是你心里只有自己。”

“你的事业是事业，我的事业就不是事业了？”

“那你的事业是事业，我的事业就不是事业了？”

“我不喜欢北方。”

“我不喜欢南方。”

很久以前，他们也像复读机一样说话，像连体婴儿似的不分彼此，但现在，语气全变了。

他外派三年，三年会发生多少变化？

方砺不放心凌夕，凌夕不放心一切。

“我不适合做任何人的附庸。”

“没有人让你做附庸。”

“你的同事提到我，都说我是‘方工的夫人’，我没有名字。”

“过段时间，你就会有名字了。”

“你考虑考虑深圳。”

“我不考虑。”

“你不爱我。”

“是你不爱我。”

他们总是不欢而散。

第二件事，显然更重大。

凌夕被调查了。

原因是，凌夕带着礼物，为当时还是未婚夫的方砺工作调动的事，周末拜访了独自在家的领导。

礼有多贵重呢？就平常走访同事而言，确实是贵了一些，但离行贿还很远很远，只是一条丝巾，爱马仕的，盒子是心形，系着彩带，一看就是送给领导夫人的。

不巧，这位领导在换届时，被审计，被发现问题多多。

他任职以来，尤其最近一年来经手办的事，批的条子，来往密切的人，都被单独隔离审问了，包括他明里暗里的多个情妇。

凌夕当然没有和他发生任何男女方面的事，但写举报信的是凌夕的竞争对手；做证的是看着她进门的领导的邻居；纪委同志逐件清点赃物，逐项审查，连领导家的月饼盒子都剪开了，发现大盒子和小盒子的夹缝中还藏着钱；单位的预设是凌夕有问题，连方砺也被通知要配合调查。

凌夕既惊且怒，调查期间，她被停职，谣言满天飞。方砺没有像想象中那样支持她，猜忌引发的怒火，“情敌”办的调动，调查对前途的影响，凌夕这几年的平步青云、舍不得离开深圳究竟和该领导是否有关，方砺满心疑问，干脆停发了给她的天气预报。

凌夕半个月的隔离审查期结束，平安无事地回了家。她打开手机，发现新婚丈夫竟然没有一句慰问，连例行报到的暖心提示都没了，不禁心凉到冰点。

要好的姐妹们约凌夕出来聚聚，给她压惊。她们在海边吃了壮汉胳膊那么长的一只大龙虾，啤酒气泡越过玻璃杯沿，瀑布般溅到了桌面，溅在了凌夕裸露的腿部皮肤上，但她仍是心不在焉、魂不守舍。

席间有人说八卦，活跃气氛。

某女明星被捕是当下最热的新闻，八卦话题自然围绕着她。

女明星消失了一百天，她那以“忠犬”人设闻名的男朋友却一直没有在媒体公开发声支持她，昨天是女明星的生日，男友依然沉默。往年的这个时候，他早送上祝福了，还会亲手磨一块心形的石头示爱。

大龙虾的肉被掏出来，撕成几块儿，分到了姐们儿的盘子里，女明星和她男友的故事令大家唏嘘不已，凌夕最感同身受。

“听说女明星和她男友其实已经结婚了。”

“对对对，他们都戴上婚戒啦！”

“她男友这几天在台北机场被拍到，婚戒已经取下了！”

“嗨，夫妻本是同林鸟，大难临头各自飞噢！”

“下周我要去非洲了。”方砺终于给凌夕打了电话。

凌夕离开龙虾席，在话筒里只听见“去”。

“我想了好几天才决定给你打电话，我的决定是，不管发生了什么，我都原谅你。”方砺的声音里有忍耐，有痛苦，有深思熟虑。

“我为什么要你原谅？我什么都没有做，做了什么也都是为了你。”凌夕嗓音沙哑。

海风很大，她的哭声被淹没在风声里。

沉默了很久，方砺又问：“深圳，还有什么可留恋的？你跟我走吧。”

凌夕还停留对在“大难临头各自飞”的嫉恨中，她挂了电话。

五、

方砺去非洲的行李，是凌夕收拾的。

收件人是方砺，寄件人也是方砺；两个大包裹，每个都像有一吨重。

红花油、清凉油。

青蒿琥酯片、藿香正气水、阿司匹林。

味精、鸡精。

辣椒粉、胡椒粉。

老干妈辣椒酱、六必居酱菜。

《天龙八部》《倚天屠龙记》。

《朗文大辞典》。

登山装备。

……

凌夕打包时，眼泪止不住地流，她已经提出分居，方砺也在协议上签字了，大家好聚好散。这次，她是来送方砺，也是来拿走她的东西，这可能是他们最后一次见面了。

方砺随身带的双肩包，是他自己收拾的，他装了一铁皮盒的茶叶准备路上喝，但盒子搁在茶几上，忘了放进双肩包。

入夜。

两人在床上躺着，你一言、我一语地聊着天，像老朋友一样，回忆这几年，回忆峥嵘岁月稠，回忆他们走过的千山万水，不知不觉到天明。

凌夕说，事到如今，甭管你信不信，我确实没什么需要你原谅的，我问心无愧。

方砺伸过手，拥抱了凌夕。他把脸埋在她的锁骨，呼吸喷了她一颈："我信。"

两人的呼吸渐渐叠在一起。

天大亮，方砺要去机场了，他蹲在门口换鞋，双肩包放在他脚边。

凌夕看见茶几上的铁皮盒，她走过去，拿起盒子，再走回来，拉开双肩包的拉链，想塞进去。

她发现包里有一条毛巾，齐齐整整地叠成了长方形，正雪白无辜地看着她——是她用过的那条。是那些他们异地相恋的日子里，方砺每次从石家庄到深圳，再从深圳回石家庄，铺在软卧席的枕头上，当作枕巾用的那条毛巾。

凌夕仿佛五雷轰顶。

方砺还半蹲半跪着在系鞋带，圆寸的发型配上他的方形脸，无比熨帖。

凌夕的两只手从后面围住他，按在他的两只手上，将他的圆寸头和方脸纳入怀中。

这是永别。

他们断断续续地办完了手续，断断续续地失去了彼此的消息。

之后，凌夕又有一次组团调研、培训的机会，会议的主场在石家庄，离她和方砺曾经的家很近。她给方砺发过邮件，邮件内容是："我能借住在我们之前的家一段时间吗？我不喜欢住酒店。"

方砺没回。

她搜索新闻，见非洲某国正盛行痢疾，出于老朋友的关心和惦念，她给方砺打了越洋电话，是个女人接的，说的不是中国话，凌夕用不熟练的英语鸡同鸭讲了好几分钟，最后挂掉了电话。

那天，躺在培训组安排的房间，凌夕辗转反侧。她的午觉是睡不成了，一直在想方砺现在的女朋友是哪国人呢？是白种人，是黑种人，还是黄种人呢？

有人轻轻叩门，凌夕在吊带睡衣外披了件外套去开门，来者是位男士，和她并不熟，凌夕挑挑眉毛："武工，有什么事吗？"

"啊！凌老师，我走错了，走错了！打扰了！"对方双手合十，做抱歉状、告饶状，节节后退。

凌夕摇摇头表示没事，合上了门。

她长了个心眼，贴在门后的猫眼往外望，见来自云南的小武工程师又去敲凌夕对面那屋的门，那门迟疑、谨慎地开了，门后是来自贵州的小王。

小武工程师身体一晃，晃进小王的房间，门爽利地关上了。

祝他们幸福。

祝他们有个好结果。

六、

不是没有人约凌夕，但那些人的年龄不上不下，个人条件不高不低。

她也不是等着被追的那种人，也不是一定要结婚的那种人，她觉得人生还有好多事值得她忙活呢。

在石家庄进行的培训中，主办方的负责人对凌夕印象深刻，私下里交换意见和需求，负责人邀凌夕加入他们投资的新项目，做一家民营的运输公司，给凌夕的职位、薪水够她在体制内再做十年的。

凌夕把深圳的房子卖了，拎了一件行李，从华南到了中南。

她发誓要重新开始，除了身上的衣服、脚上的鞋、证件、照片、银行卡，其他东西都扔的扔，送人的送人，连电脑、手机、平板电脑都全换成新的了。

她将往昔的痕迹都抹去了。

一段时间内，“谁见幽人独往来？缥缈孤鸿影”成了凌夕用在网上各处的签名档。

说人话就是，一个人独来独往，没有负累，随时能出发，但有时也会觉得孤独。

无关生活。

洗衣机她可以自己挪到阳台。

深夜出差回来，有司机去接她。

电影她可以自己看，其实也没多少时间看。

搬家？更是小意思。

在中南某城，凌夕搬过几次家。搬家哪里还需要她自己动手？钱到位，自然有合乎价位的贴心搬家公司上门服务。他们会先拍照，然后把家具、电器一一拆卸、用毛毯包起来，细致地捆好。书帮忙打包，花帮忙大盆换小盆，到了新家，他们再按照片，一件一件地装好、复原，把书摆放到位，甚至要给花浇完水，师傅们才离开。

男耕女织，那是过去。现在，你要么会耕，要么会织，反正得会一样，证明你的价值，剩下不会的，交给社会分工。

这是最好的时代，一个女人完全能够把自己照顾得很好。

可是，洗浴后，身体还滴着水珠，站在浴室的镜子前，凌夕会觉得孤独。

可是，团建时，集体去爬山，有家属的带家属，没家属的带男女朋友，没男女朋友的一对一地暧昧，凌夕跑在最前头，回望他们在山的不同部位形成的小黑点点，会觉得孤独。

可是，无论坐在哪里，附近只要有花，有花香弥漫，却无人可以倾诉，凌夕会觉得孤独。

有时，凌夕问自己，以前异地恋时，除了手机那端多了一个人，和现在的生活也没多大区别啊，为什么那时候自己不觉得苦？

答案是，那时她的心是满的，现在她的心是空的，空落落的。

答案清晰后，她认真相亲；认真盘“库存”，琢磨自己究竟有多少真心实意的追求者；认真思考每个可能对象的经济条件、教育背景、家庭、婚史状况；认真准备每一场约会；用手机备忘录记录上次见谁穿了什么衣服，在哪里吃的饭，对方爱吃什么，不爱吃什么，哪些话题忌讳，哪些话题是黄金谈话方向——

凌夕把消灭孤独当作一项任务去完成，当作一份工作去具体实施。

半年后，她与合作方一位姓李的部门经理开始谈婚论嫁了。

这是一场精明的恋爱，双方做了婚前财产公证，准备签协议规定婚后权利和义务，明确了支出 AA 制，明确了每年探访对方父母的次数，明确了期权、股权即便日后兑现、套现，也不能算作婚后共同财产……

这份协议，两人来回推敲、修改了十多次，就等凌夕出差回来，将定稿审完、签完，他们就可以领证了。两人都同意不办婚礼，出去旅游一次，即是仪式。

过程中，李经理一直夸凌夕成熟、懂事，肯定能做个非常优秀的人生合伙人。凌夕心想，一个女人不想费事，只有一个原因，就是觉得这件事不值得费心。

她所有的心思、激情都在方砺身上，都在与他这段感情中耗干了。

七、

G79 次列车首发。

它从北京西站开往香港西九龙，途经石家庄、郑州、武汉、长沙、广州、深圳，全程近九小时。

几乎每次有重要的高铁线路开通，凌夕都会在第一时间抢票体验。这次，她又抢到了始发站的首发票，商务座，票价3369元。她专程从中南来到首都，专门来感受这趟具有划时代意义、贯穿南北的列车。

车厢内有绿植，洗手间有护手霜。

车头挂着庆祝本车开通的横幅，许多乘客围在那儿叽叽喳喳、摆造型，凌夕路过，共计为三户人家、两组闺密、六对情侣拍了合照。

车开了。

窗外的风景飞驰而过，北方秋日的天空清澈、高远。

乘务员无微不至，礼貌周到。

凌夕打开电脑，处理了一些公事，又看完了李经理发来的最新一版婚前协议。新协议中，他加了一条：如果最终悔婚，将赔偿对方五万元。这突兀的条款令凌夕不悦，她准备再思考一下，先合上了电脑。

她按动椅子的开关，将座椅调成躺椅式，踢掉高跟鞋，把鞋子藏在了椅子下。她打开出差用的小箱子，把电脑塞进去，把叠得方方正正的毛巾拿出来，然后关上箱子，展开毛巾，铺在座椅靠上处，让自己陷进了椅子里。

按照计划，她会先去香港玩几天，再从香港回深圳。她的户口还在原单位的集体户口上，她和李经理约好了，国庆后，深圳见，两人领证。

她忽然有点渴，车上提供饮料，但凌夕喝惯了茶，她躺了一会儿又坐起来，拧开随身带的玻璃杯，打开箱子，在贴着箱盖的网兜处掏出了一个铁皮制的小圆盒，轻轻打开，取一撮茶叶扔进了玻璃杯里。

盒子还是她当年在方砺的茶几上拿的，告别时，凌夕原打算替他收进双肩包，但临时改变主意，塞进了自己睡衣的口袋，留作纪念。

从华南到中南的那次大迁徙，她把旧物该扔的扔，该送的送，连书都被二手书网站拉走，电脑、手机都全换了，这铁皮茶叶盒却还被主人一直藏在出差时随身带着的箱子里，成了出门必备的东西。

凌夕拿着玻璃杯，往车厢接头处走，乘务员看见她，贴心地说："我来帮您倒水。"凌夕笑着婉拒了："我还要洗茶。"

车停在石家庄火车站的站台时，没有人下车，只有人上车。

凌夕洗茶、泡茶回来，商务座已经满满当当。

北京西站始发时，凌夕旁边的座位是空着的，现在坐上了人。一个双肩包搁在椅子尽头的小桌上，邻座的乘客正将椅子调成安睡模式，像一张平整的床。

凌夕本来没注意邻座乘客，她把杯盖打开，放在车窗宽宽的窗棱上，杯子冒着热气，像人情动时澎湃的呼吸。

这时，隔壁乘客站了起来，拉开双肩包的拉链，从双肩包耐磨的质地、防水的设计，凌夕判断，他百分之九十是户外运动爱好者。

他拿出一只半透明的收纳袋，食指和拇指合作，推开了封口的锁扣，然后取出一条毛巾，展开，铺在了他座位上即将安枕的地方。

凌夕的心跳声怦怦咚咚。

但她不敢确认。

她看着邻座乘客再把收纳袋放回包里，把背包放回小桌子上，把棒球帽摘下来，搁在包旁边。

他从双肩包左侧收紧口的网兜中拽出保温杯，自棒球夹克的口袋掏出了一个小圆盒，凌夕把头扭向车窗，在窗子上看他的脸和窗外的秋色重叠。

他去车厢尽头处泡茶了。

乘务员和他耳语几句，他摆了摆手，他要洗茶。

他再回到车厢时，凌夕已经调整好情绪站在了他面前。

“Hi！”

“Hi！”

“好久不见。”

“好久不见。”

好久不见，一瞬千年。

几乎在第一眼看清方砺的脸时，凌夕就知道，她还爱他。

就像当年，方砺从大巴车的车头走到车尾，径直走向她，告诉她，他路过一家收费站，看见一间小超市，想为自己买点东西，顺便给她带了杯子和纸巾一样。凌夕当时假装不知道，但心里只有一个声音：他喜欢我。

当她坐在他旁边，听他复述自己发言时的案例、观点，这个“他喜欢我”的声音更肯定了。

但她喜不喜欢他，这是个问题，她一时半会儿没搞清。

等他在台上把袖子折了三折，两只手按在演讲台的两侧，精力充沛、精神焕发地设问、提问时，他光芒四射。她坐在台下第一排正中间，心里的声音响亮地回答了所有的问题：“这是复刻版的我，是我的男人，我一定要得到他。”

稍后，她把萝卜花搁在他的盘子里示爱。

她在月季花丛，踮起脚，用珊瑚色的口红回应他。

她又在月季花的环绕中，宣誓，与他一生一世，不离不弃。

她一直是进攻的、主动的，哪怕被动，也是迂回战术，主动等待他的更主动。

那是天造地设的恋人、棋逢对手的恋爱。

即便日后他们没有经营好、处理好这段感情，聚散苦匆匆，她也从未后悔过曾发生的一切。

现在，那种声音又出现了，方砺摘掉棒球帽时，它就出现了。

方砺铺毛巾时，那声音逐渐清晰、有力，越来越坚定：我还爱他，他还爱我，他铺的还是当年那条毛巾。

但凌夕不动声色，把内心波澜壮阔的大戏都按捺住，按在微收的嘴角后、丰润的面颊上、好看的酒窝中。

方砺也平复了愕然，开始和她有来有往地对话。

她问：“回来了？”

他答：“回来了。”

“什么时候回来的？”

“最近。”

沉默。

车已经到郑州站了。

“你现在去哪里？”

“香港。”

“去看女朋友？”

“我没有女朋友。”

“结婚了？”

“没有结婚。”

“‘黑姑娘’呢？”

“什么‘黑姑娘’？”

“你在非洲的时候，我给你打过一次电话，是一个女人接的。”

“大概是房东。”

他们之间的话越来越多了。

车到武汉站了。

凌夕无意刨根问底，只要方砺认自己是单身，那就说明他是单身，他在她面前愿意单身。

“你呢？有男朋友了？还是再婚了？”方砺一边问，一边为凌夕的杯子续上水。

凌夕沉吟了一会儿，答道：“有过男朋友，感觉不合适。”

“现在呢？”方砺把杯子递向她，脸凑得很近。

车到长沙站了。

凌夕接过杯子，抬头看他。几年来，这是他们离得最近的一次，能交换呼吸。

有人下车，有人上车，他俩却如石像一样，保持着呼吸相闻的姿势。

凌夕咬咬嘴唇，不确定方砺想要的答案是否是她想给的。她欠起身，一扬手，摘下了方砺淡淡茶色的眼镜。只见方砺黑白分明的眼睛正泛着雾气，雾气渐浓，终成湿润，流下了滚滚的泪。

凌夕忙去扯她身后的毛巾，为方砺拭泪，又擦自己的泪。

她心里的声音告诉她：她要回深圳解决一些事，再做一些事，现在还来得及。

至于以后，哪怕还是两个人、两座城，他们经历了这么多，距离又算什么呢?

梦里，她坐在飘着粉窗帘的书桌前。窗户开着，风吹进来许多金色的小钩子，钩子们都是笔画。而笔画们走来走去，勾肩搭背，各自拼在一起，最后立在桌子上，对着露露，列成了四个汉字——

“天涯孤女”。

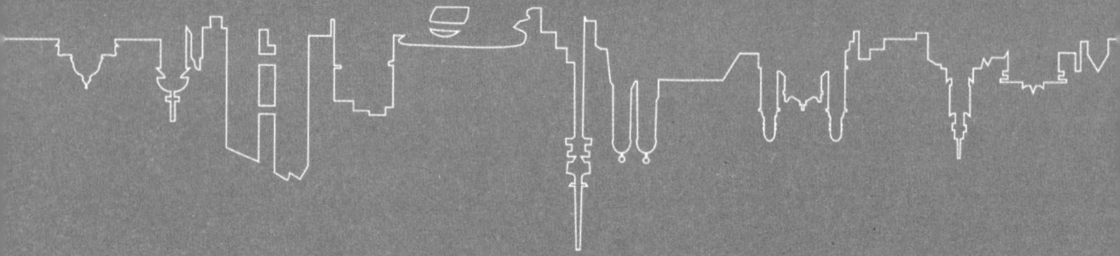

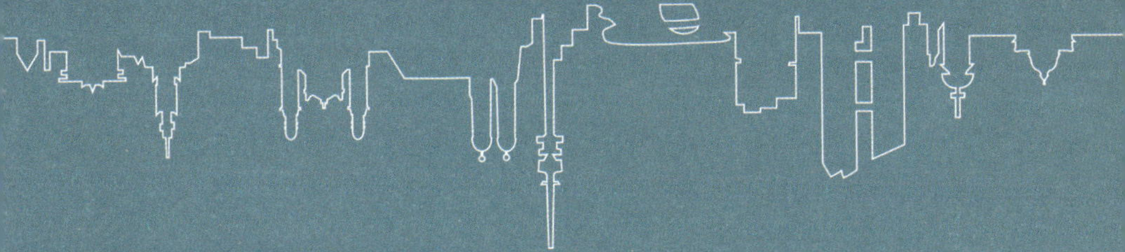

后来遇见很多猫

后来遇见很多猫

一、

王小咪十五岁时，被露露带到姑姑家。

随她们而行的，还有十四口皮箱——光是露露的娃娃及娃娃穿的、戴的就占了四个箱子。

箱子是露露妈收拾的。收拾完，她走进卧室，用脸去贴了贴熟睡中的露露的额，又轻轻亲了亲，而后，掩上房门，穿客厅，经走廊，把钥匙搁在玄关处，拎着属于她的两个箱子，头也不回地离开了。

王小咪被关门声吵醒。

它慢慢挪到门口，在晨曦中，在露露妈踢成八字、贴着亮片的两只拖鞋边绕了几圈，喵喵地叫了十几声，没理解发生了什么又或者即将发生什么。

很快，天大亮了。露露爸把露露叫起来，通知她，今天就送她去姑姑家。

“你妈已经去英国了，暑假回来看你。我把你送到苏州，马上就要回广东，但一有空，我也会去看你。”他说。

一个家就这么散了。

这不是没有征兆的。

别说露露，就是老猫王小咪对男女主人的每天一小吵、三天一大吵都已经习以为常。这样的日子持续了好几年，半个月前，露露的爸妈终于协议分居，两人坐在客厅谈判时，彼此的脸上还带着没愈合的伤——露露爸脸上的伤口是指甲划的，露露妈的伤则一看就是受了拳脚，凶手即对方。

好在王小咪和露露还没散。

几个小时后，他们乘坐的飞机降落在了无锡机场。

露露刚刚自托运处接到王小咪，就忙不迭地打开笼子，解放它，把它搂在怀里，用脸蹭它。王小咪也异乎寻常地热情，拿小爪子的肉垫去拍露露，伸出小舌头舔她的胳膊肘，以示短暂的离别造就的更深的依恋和温存。

从无锡到苏州再到姑姑家，将近两个小时。

来接他们的车，有两辆。一辆接人，一辆接行李。

两位司机都穿着浆洗过的白衬衫，打着红色领带，一声声“孙总”叫得殷勤，叫得甜蜜，像王小咪高兴时的“喵喵呜呜”。

软的风，垂的柳，泛着银色波光的湖。

这里的温度比广东低好几度。

楼层也普遍要比广东低。

王小咪是第一次来苏州，露露则是第三次——第一次奔丧，因为奶奶去世；第二次过年，一大家人在城中最豪华的酒店包了几间房，还去了附近的景区，与其说是过年，不如说是度假。当时，前往景区的车，露露的爸妈换着开。一路上，大家的说笑声不绝，此刻犹在耳边。

想到这儿，露露抱着王小咪，一人一猫，脸齐齐迷茫地转向窗外。

姑姑家在一家大型国企的家属楼，楼群大得像一座城。

姑姑在城中做会计，姑父在城中管食堂。

车又在城中行驶了半小时，他们到达时，姑姑、姑父和表姐已站在楼下的绿树影里迎着。

这间两室一厅的房子，姑姑一家三口住，刚刚好。但露露爸带着露露，露露带着王小咪及十四口皮箱一进屋，立马感到了逼仄。

尤其，姑姑引露露进到次卧，展示专门为她买的粉红色、印着迪士尼公主图案的床单，又拉开同色系的窗帘，表示这也是新换的。

面对一床、一椅、一桌的陈设，谁一眼都能看明白，这房间绝无可能由两个姑娘共享。所以，露露爸不禁问道："露露住在这间房，那小梅怎么办？"

小梅即露露的表姐，正在客厅与露露一左一右地逗弄王小咪。

王小咪蜷在小主人怀里，眯着眼，如一床雪白、温暖的毛巾被，额前的一抹黑像故意画上去的商标。

墙角有没开封的猫罐头，有刚开封的瓦楞纸做的猫窝，还有猫爪板、逗猫棒。

看来姑姑确实做好了迎接露露的准备，连王小咪的吃穿用度都想到了。

“小梅开学就高二了，她可以先在客厅凑合睡一年沙发，明年就去学校旁边租一年房子，她爸去陪读。露露是客，当然要好好招待，小梅的安排你就别管了。”姑姑一边回答，一边满意地看着小姐妹俩在逗猫。

这时，王小咪从露露怀里缓缓跳下，绕过沙发，绕过餐桌，钻进新猫窝，它好奇地望着新环境，忽然耳边一炸，惊得猫身一抖，瞳孔放大——是露露爸的一声大喝：“换！”他大手一挥。

“不用，不用，我们挤挤就行了。”姑姑和露露爸一样，长着家传的蒲扇大手，她也跟着一挥手。

“换！”露露爸坚持着，然后打开离他最近的那个登机箱，拿出一个牛皮纸文件袋递到姐姐手里：“你跟我见什么外！这是露露这学期的生活费。有空你和姐夫就去看房，三室，不，四室，要有一间书房，不，要五室，露露和小梅一人一间书房……总之，露露就拜托你们了。”他甚至给姐姐鞠了个躬。

姑姑推辞一番后，收下了牛皮纸袋。

随后，厨房里开始煎炒烹炸，乒乒乓乓的，是姑父在准备家宴。

露露记得姑父是四川人，但满桌菜没有一点辣，可见完全在照顾她的口味。

饭桌上，露露爸把拜托的话说了又说，举杯敬了一杯酒，又敬一杯。王小咪也把脸埋在鱼汤拌饭里，吸溜着，人猫尽欢。

饭后，露露爸马不停蹄地赶最后一班飞机回了广东。

他在当地开鞋厂，为世界各大知名品牌做生产。

如果不是赶上好时代和好时机，他的事业不会如此成功，身家不会每年都在翻倍，婚姻也不会破裂。

他是真忙——忙生产，忙合作，忙审批，忙谈判；也是假忙，忙放松，忙解压，忙招待，忙夜夜笙歌，很少回家，并且，回家也解释不清很多为什么、在哪里、和谁在一起。

总之，十四年了，他变了一个人，又变回了一个人。

变的不只是他。

露露妈当年不顾父母反对，自己偷了户口本，背着双肩包，怀抱奶猫王小咪，神色仓皇地来到婚姻登记处，扑向了露露爸。她曾经是满心的赴汤蹈火和矢志不渝。

之后，两人高举着火红的结婚证，在人潮中手拉手地于最后一分钟登上了火车。车门一关，他们便深情相拥，庆祝私奔成功，庆幸好日子要来了——拥抱的力度之大，险些挤坏了王小咪。

那时，露露爸还只是个初出茅庐的设计师，在别人的工厂里打工。他俩坐了几十个小时的火车，抵达了祖国的最南方。之后的整个蜜月，王小咪只吃上了一顿鱼汤泡饭。

十五年过去，他们经历过白手起家和艰难创业，自己的公司终于日见起色。而一再被人威胁胜利果实的露露妈，也从小鸟依人的红粉佳人变成了金刚女战神。

她战绩骄人，鞋厂有一半订单是她谈回来的，而且烂账、坏账，最后都要靠她去索回。

她吵架也是一把好手，可以一口气连骂露露爸半小时，所用形容词全不重复，有时急起来还会动手。

最猛的一次，就是半个多月前，在会议室，当着十几号人的面，她将一杯热茶泼到了董事长秘书的脸上。该秘书疑似为露露爸的地下情人，差点被当场毁容，好在用胳膊挡了一下。现场乱成一团，员工们其实早就暗暗分成了“帝党”和“后党”，此时，“帝党”帮露露爸护住了尖叫不止的秘书，令其安全撤退，“后党”则安抚着露露妈的情绪，清理一地狼藉。

就是那天，他们之间的矛盾公开化、白热化了，露露妈也终于正式和露露爸摊牌——

“我们分手吧，先办分居。我累了。再这样下去，我就成了我最瞧不上的那种女人，成了泼妇、怨妇。何苦呢？何必呢？”

露露妈的问句，句句发自内心，露露爸自知理亏，找不到合适的答案去反驳和回应。

协议结果是他们的身家两人平分，露露爸按兵不动，安守鞋厂，而露露妈急于换个环境，打算先去英国待一段时间，等时机成熟再来接露露和王小咪。

在此之前，露露爸的秘书在养伤，而且是身与心的伤都要养，不能照顾一娃一猫；露露妈也不可能让她照顾；露露爸也无法自己照顾。于是，一通漫长的电话后，露露和王小咪被托付至苏州姑姑家，而且此时恰逢暑假，转学正当时。在露露爸承诺为学校捐一百台电脑后，他曾经的同桌、现在的某中学校长爽快地答应了露露随时可以来插班就读。

这一天，是2005年8月3日。

这一天发生的事儿太多了。

二十四小时之中，露露告别了父母，告别了家。

再过几天，她还将有新同学、新学校，看样子还要搬新家。

送走露露爸，姑姑一家进入了他们正常的生活秩序。

洗碗的洗碗，收拾的收拾，写作业的写作业——在客厅写。

木椅子刮擦着地板，铲子和锅相碰撞。

卧室里，累极了的露露听着这些声响，抱着王小咪，迷迷糊糊地睡着了。

梦里，她坐在飘着粉窗帘的书桌前。窗户开着，风吹进来许多金色的小钩子，钩子们都是笔画。而笔画们走来走去，勾肩搭背，各自拼在一起，最后立在桌子上，对着露露，列成了四个汉字——

“天涯孤女”。

“喵喵。”

王小咪小声叫着，露露半醒，仍闭着眼。她凝视那四个字，心一抽，眼角流下了泪。

二、

一年后，露露以全市第三名的成绩考进了本城最好的中学，露露爸为此专程回了趟苏州，参加她的毕业典礼。

他提前一天到达，在五星级酒店的旋转餐厅摆了宴——生鱼片铺成船，大龙虾翘首盼，他们将万家灯火和湖光山色都踩在脚下。

参加宴会的，除了他们父女、姑姑一家，还有校长和露露的班主任张然。

鼓励、称赞，在座的人把露露夸成了一朵花。

校长端着茅台，笑着说，原以为来的是关系户、减分项，需要特殊照顾，没想到来了一个生力军、加分项！早知如此，那一百台电脑可以不用捐——

这次中考，露露给某中挣够了脸面，除了第三名的名次，她还拿了单科状元，英语是满分。

敬校长，敬班主任，敬姑姑、姑父，露露爸一杯接一杯，一饮而尽，是酒，露露跟着一杯又一杯，浅尝辄止，是酸奶。

宴罢，回家。

露露爸不胜酒力，一路摇摇晃晃，在姑姑、姑父的搀扶下进了门，姑姑安排住宿，把主卧让给了露露爸，她和姑父睡表姐的书房——他们听话地买了五居室的房子。

新购的房子临水，推开窗，眼前一片寒烟翠。

露露爸被扶着看完了所有房间，直夸姐姐、姐夫眼光不错，房子的户型好，装修也优雅。

“还不是多亏了小梅有个好舅舅！”姑父又开始道谢了。

露露爸随口问书房墙上挂的画是谁画的，姑姑说，是小梅。小梅第一次来看房时，就说莫奈家的后院也不过如此吧，所以能画出《睡莲》，后来，她竟真的临摹了一幅睡莲图。

露露爸若有所思，等姑父从厨房端来一碗自制醒酒汤，他喝下肚后，问姑姑，小梅以后的打算——她是愿意出国念大学呢，还是在国内先上两年大学，再出国深造？总之，由大舅资助她去法国留学吧！暑假先去玩一趟，全家都去！

姑姑和姑父感激涕零，消息宣布得突然，姑姑的眉毛挑了起来，半天也放不下去。她直推小梅："快说，一定不辜负大舅的期望！说你以后一定孝顺大舅！"

露露爸蒲扇般的大手挥着，意思是别客气，又拍着小梅的肩道："法国，莫奈的老家，以前露露妈学过法语，我们去过法国。"

这是奖金，大家心知肚明。

——奖励露露的成功背后，姑姑一家一直精心陪护。

半夜，露露起来上厕所。

她看见爸爸和姑姑在阳台的小花园聊天，王小咪在爸爸的脚边卧着，头搁在他的脚背上，像过去在自己家中惯有的姿势。

姑姑问："你和王咪的离婚手续究竟办了没有？"

爸爸答："办了，但我们还没跟露露说。你找个机会告诉她吧。"

姑姑又问："你们之间一点回旋的余地都没有了？"

爸爸沉默了一会儿，道："她在那边已经有男朋友了。露露要在你这里常住了，你多费心。”

露露的耳朵嗡的一下。

阳台上，姑姑还在叹气，她感叹露露是个好孩子，懂事得让人心疼，一点儿也不像其他单亲家庭的孩子那样自暴自弃，更不像那些富二代似的骄奢淫逸。

“她爱读书，会读书，天生是读书的料，尤其在外语上，很有天赋。”她说起上次出去旅游，途中遇见一对外国老人购物时和营业员无法交流，是露露“拔刀相助”，用流利的英语解决了困局。她一边说，一边流露出一脸羡慕：“唉，要是小梅能有露露一半的……”

“她那是天生的。”露露爸顿了一顿，情不自禁地说道，“像王咪。”

王咪即露露妈，20世纪80年代毕业于北京外国语大学，做过翻译，自家鞋厂一开始能接到那么多外国的订单，都是她去国外跑下来的。

“喵。”听见旧主人的名字，王小咪也情不自禁地应和了。

第二天的毕业典礼上，露露爸出尽风头。

他代表优秀毕业生家长发言，从穿旗袍的礼仪小姐手中接过印着“一等奖学金一万元支票”的大纸板，他站在纸板的一头，校长站在纸板的另一头，两人微笑着面对镜头，咔嚓嚓合影。典礼后，他还接受了小记者采访，他表示，自己对露露的期望是：“百尺竿头，更进一步。”

在这些环节逐步进行的时候，露露本人已经消失。班主任张然找露露还有事，一路问谁见过她、在哪里见的、什么时候见的。等他一路追上去，找到露露时，他发现她正在学校附近的一段废弃铁路上，独自坐在枕木上发呆。

“孙露，你怎么了？头痛？”张然看着把头埋进膝盖里的露露问道。

他又问了几遍，露露方挪开搁在膝盖上的手，把头抬了起来。张然看见露露的双眼肿着。

“孙露，你怎么了？”张然又问一遍，边问边坐下，坐在了离露露最近的那节枕木上。

张然这一年是二十五岁，比露露整整大十岁，平日里温文尔雅，青春洋溢，永远穿着白T恤、烟灰色牛仔裤，一身阳光的味道。

他有辉煌的过去。虽然他家境一般，但十六岁考进南京大学，二十岁大学毕业，在这所省级示范中学执教五年，已成了区里、市里拿出去参加比赛的一块招牌。

好老师天生喜欢好学生，露露插班进来后，因为有语言天分，因为学习刻苦，很快成了他最得意的门生。

见露露一直不说话，张然也就陪着她不说话。

夕阳渐渐从树影里渗出霞光，洒在露露粉红色缎子小礼服的花边上，她终于结束了沉默——

“我爸爸妈妈真的离婚了。”

接着，露露哇的一声反身扑在了张然怀里，张然措手不及，只能接住。

三、

2006年的夏天注定难忘。

那天，在逐渐褪色的霞光中，露露趴在张然的肩膀上哭了很久。张然在此期间给露露的姑姑发了短信，叙述了露露大概的情况，让他们放心。他在短信里提了露露的哭泣以及她为什么哭，但绝口未提露露的“奇袭”和投怀。

露露窄小的腰肢束在粉红色裙子里，他俩离开废弃铁路时，露露已哭得天昏地暗、气力全无。张然先是搀扶着她，后来干脆把她背在背上。他用两只手环着露露的腰往上提，手掌隔着一层缎子，紧贴露露的皮肤，约等于交换温度。

一轮满月挂在蓝丝绒般的空中。

月如水，星如豆，张然深一脚浅一脚地踏过枕木，穿过树林，一路上，也觉得天昏地暗。

这一年的夏天过去，发生了两件事。

其一，王小咪走了。

据露露在2006年7月22日的日记记载，那天午后，她和表姐小梅在小区的健身馆游泳回来后，看见姑姑在阳台花园的摇椅上歇着，王小咪就卧在她脚面。

姑姑张罗她们喝绿豆汤，王小咪一动不动。姑姑把睡熟的王小咪抱到了一边，等众人喝完吃完还看了会儿电视，大家想起王小咪时，发现它已经硬了，无论怎么呼唤，都不再喵喵叫。

当晚，露露和小梅在楼下“莫奈的后院”中刨了一个坑，坑里埋上王小咪，她俩亲手填土，过两天又亲手栽了树。树是姑父去买的，是一株月桂。露露妈曾说，王小咪就是在桂花树下出生的，露露都记着呢。“王小咪享年十六岁，她度过了快乐的一生。”露露在桂花树上用笔轻轻写下这行字，再用小刀逐字刻下。

其二，王二咪来了。

王二咪是张然送的，露露向他倾吐了秘密后，他已然成为露露最信任的老师和朋友，如父，如兄，如靠山，如……恋人。

露露后来仔细想过，霞光中哭泣的下午一定只是导火索，不是真正的开端。早在她走进陌生教室，融入陌生集体，被张然温暖地喊着“欢迎新同学”并号召全班同学一齐为她鼓掌的那一刻，她其实就对他有好感。

哪个少女不怀春？

甚至，入学不久，露露在网上看了一本很古老的小说——香港女作家亦舒写的《圆舞》。小说写的是大叔和萝莉的爱情，在她脑海中，关于男主角的形象，第一反应也是张然的模样。只有那样的风度翩翩、成熟老练，才可能让小女生爱恋一生、刻骨铭心吧？

总之，张然是光，是闪电，是火柴，是露露沉闷青春的唯一亮色，是她寄人篱下、无可依靠时的唯一依靠。露露那天反身一扑，不知哪来的笃定，她坚信张然一定会接住她。所以，只要一个合适的时机，她就打算表白。

露露 9 月 22 日的日记记录着："今天是王小咪去世的第四天，是桂花树栽成的第二天。他约我见面，就约在小区门口。他提着一个塑料笼子，笼子里是一只小奶猫，纯白，短腿，额头一抹黑，和王小咪一模一样，只是小了不止一号。"

张然说，猫是他大学同学家里的，他看着可爱，抓了一只过来。

他把猫塞进露露怀里，和露露告别。

经过深思熟虑，他打算离开江苏，离开泛着柔光的水乡，要去南方闯一闯——广州一所外语培训机构邀他去做副校长。这次全市的中考单科状元，也就是露露，是由他教出的，这更是激起了对方浓厚的兴趣。

面对机会，他不想放弃。他们约好在 8 月 15 日报到，这边他的离职手续已经办妥，明天，他回苏北老家收拾一下行装，就准备出发了。

露露一直喊张然"张老师"，表白时，她也是这么称呼。

露露把王二咪送回家，把王小咪生前用的东西都找出来，交代了阿姨如何伺候，就又出了门。

她给张然发消息，约他在废弃的铁路见面，表示有话忘了和他说。

这一晚的月亮是新月，新鲜的一弯像刚剪下的美人指甲挂在天边。

新月下，少女露露拨开长发，露出光洁的脸，勇敢地说："张老师，你先答应我一件事，你要是不答应，我今晚就不回去了。"

她知道张然不会拒绝，因为她是张然最特别的学生。但等待张然回应的这几分钟，她仍度日如年。

张然果然答应了。

他摸着露露光洁的脸，用拇指抚着她脸颊皮肤的每一寸，说他也喜欢她，从她进教室的那一刻，他就觉得她像天使。

他还说，早在他考前给她开小灶，单独辅导她功课时，他就需要一再提醒自己，才能抑制住自己的心，不去喜欢她——她太小了，他现在做她的男朋友就是犯罪。

露露听到第一句就已经不管不顾了，她伸出修长匀称的胳膊，搂住张然的脖子，猛吸他身上阳光与汗混合着的、满是荷尔蒙的气息。

张然被露露搂得透不过气来，等露露平静了些，他告诉露露："我等你三年，等到你上大学。大学你来广州念吧，你爸爸不是也在广东吗？到时候，我们光明正大在一起。"

这无异于给了露露一个希望。

新月从浅白的指甲变成鸭蛋黄的指甲，张然背着露露踏过枕木，穿过树林。

“我会给你写信的。”露露说。

“我也会写信的。”张然答。

“你别忘了我。”

“不会。一放假我就去看你。”

“我爸爸妈妈也这么说过，可他们一个都没有来看过我。”

“我不会的。”

“还是一放假我就去看你吧。”

“好。你好好学习，我等你。”

这是他们临别的话，露露粉红的嘴唇贴着张然的耳朵。

快到小区了，张然才放下露露。他们挥着手，互相离得很远了，还一再回头，用手比画着打电话再聊的姿势。

露露进门时，姑姑和阿姨刚为王二咪安好家。

姑父的抱怨没来得及收回，被露露听见了。他穿着大裤衩站在厨房门口，摇着头、叹着气道：“送走一个祖宗，又来一个祖宗！”

要不是他继续说着“拖鞋才干净几天，”露露根本没意识到，他是冲着猫说的。——王小咪有钻拖鞋并留下一鞋猫毛的毛病。

姑父说完就看见露露在门口，他有些尴尬，忙堆上惯有的、迎财神般的笑，改口说道：“露露回来啦？想吃点什么？”

露露此刻满心甜蜜，根本无暇顾及姑父刚才无意间泄露的真实情绪，匆匆摆了摆手，回到了卧室。

卧室里王二咪顶着额头的一抹黑正喵喵呜呜地叫，眼睛半睁半闭。

露露从猫窝里轻轻抱它起来，把脸揉进它的小身板里。她躺在粉红色的床单上，梦也是粉的。梦中，粉窗帘下，摞着一摞课本，最上面的一本是英语书。笔画们又随风飘进来了，它们勾肩搭背，组装拼接，最后，温柔地排成四个字请露露检阅——

“广、州、大、学”。

四、

三年后，露露拿到了印着鲜红的“中山大学”的录取通知书，她第一时间拍了照片，发给了张然。中山大学，是在广州的大学，不是广州大学。

她激动得抱着王二咪转了一个圈，八片裙摆转得像多层花瓣，围住了一人一猫笑吟吟的脸。姑姑在一旁擦眼泪，为自己一手带大了露露而感动，她叫姑父晚上加几个菜，为他们圆满完成任务庆功。

三年来，张然是露露的精神支柱。

顺带着，露露和父亲的关系也拉近了很多。

逢年过节，寒假与暑假，露露都会去广东。她抵达鞋厂后，会以继承人和大小姐的身份在厂里晃一圈，然后在爸爸家象征性地住几天，被董事长秘书出身的小妈赔着笑脸伺候，再找各种不适的借口，在小妈努力克制的欣喜眼光中离开东莞，折返广州。她住在爸爸在广州的另一栋房子里，需要想方设法地甩掉特意派来照顾她和保护她的各色人等，然后才能去见张然。

上个暑假，露露干脆报了张然所在机构的假期培训班学英语，她学到老师们都“放弃”了她，纷纷直呼“不如，你来教吧”。她也真的开始试着教，成了小朋友们口中美丽的 Kitty 姐姐。

这份兼职也成了她刚拿到录取通知书就要去广州的理由——该培训机构将继续聘任她。“我是那里最年轻、最具人气的口语老师噢！爸爸，你就同意嘛！同意嘛！”电话中，露露撒着娇。

露露爸原本不想答应，他认为女儿打工是斯文扫地，是跌了他的面子，但露露一句话顶了回去：“我已经和妈妈说了，妈妈说我是好样的，女孩子应该从小就知道靠学问和能力来养活自己。”

“你和你妈什么时候见面的？”露露爸迅速捕捉到了关键信息。

“我们只是视频见面。”

“哦，她现在怎么样？”

“她刚生了一个妹妹，还抱给我看了。老外不让她坐月子，她刚和他打完架。”

露露爸能想象得到前妻的火暴脾气——爱你就爱到要燃烧自己，

暴躁就暴躁到要烧了你。

“好，那这件事就听你妈的吧。”露露爸终究对前妻有愧，他们分开后，他更觉出了露露妈的珍贵。鞋厂的生意没前几年那么好做了，这和市场有关，但更是因为他失去了臂膀。

姑姑和姑父顺水推舟，小梅如今在法国留学，他们欢天喜地为露露打点好了行装，送走露露后，他们就去巴黎探亲。

王二咪被装在笼子里，随露露乘飞机托运到了广州——笼子还是当年王小咪用的那只。

露露爸在广州的房子对着五光十色的广州塔，露露照例去鞋厂晃了几天，便回广州塔对面等待开学，等待新生活。

她每天去培训班，上两节课，然后和小朋友们做游戏，讲故事，拿着各种教具领学生们复习单词，还带他们分角色表演英语小话剧。最重要的是，她能看着张然进进出出、忙里忙外。

他们两人的关系并未公开，露露下班后，总是在公司附近的某处等候多时，才能等来加班结束的张然。有时，他们就干脆约在露露爸的房子见面。不，现在是露露的房子了——开学临近，露露爸将豪宅当作礼物，过户给了女儿。

过户手续办完，露露也没当回事。

她把房产证就搁在家里的玄关处，张然进门看见后，问她怎么不收好，又用指尖弹一弹红封面，玩笑着说道："这可是打工仔奋斗二十年也换不来的产业，你要是不稀罕，就在这上面加上我的名字吧。"

满月夜，月亮挂在天幕的正上方，像一把剑映出的光环。月光下是波光，水波来自珠江。

张然煎了牛排并将之端上了阳台的长桌，阳台满是玫瑰，玫瑰是张然送的，一共九百九十九朵，长桌就在玫瑰中央。

张然往露露的杯子里倒果汁，露露娇嗔——她不要喝果汁，她已经是成年人了。她被张然刮了下鼻子，但还是把果汁倒进了猫食盆，让张然给她换酒。王二咪疑惑地凑近猫食盆，舔了又舔，喵了又喵，眉头皱了又皱，额前的一抹黑毛都变形了。

他们举杯，碰杯，玻璃发出清脆的声响。

"还记得三年前，育明中学铁路旁的满月吗？" 十八岁的"新科进士"孙露穿着淡藕色的蓬蓬裙，坐在朵朵碗口大的玫瑰中央，熟练地使用着刀叉，切着七分熟、带血丝的牛排。红酒的红色仿佛都映在了她的脸上，她骄傲、娇憨得像个公主。

"记得。"张然坐在她对面，创业艰辛，他还不到三十，发际线已经变高，也有了明显的抬头纹。他短袖的灰衬衫因煎牛排溅上了几滴油，显得腌臜。他又倒了杯酒，面前的牛排没动，只说道："那会儿，我多傻啊——站上讲台就觉得自己是神；出去参加个比赛获奖了，就觉得唯我独尊；一年挣十万块，回老家就可以装大款……我以为离开中学，天下都会是我的。”

露露停下刀叉，手掌覆上张然的手背。她说：“谢谢你，你是我寂寞、漫长、苦闷的青春里，唯一的亮色。”

两人根本是各说各话。

环游珠江的船一只又一只地在他们脚下驶过，扩音喇叭里，讲解员的声音程式化得刺耳。

当灯火渐熄，船只渐少，张然忽然摘下了眼镜并把眼镜摔在了长桌上——摔得王二咪抖了抖浑身的毛。

他揉着眉心，直揉得鼻梁两侧被眼镜夹出的两个坑近乎全无，才放下酒杯，发出了声音。他的声音里有明显的苦闷，一番话像是准备了很久：“露露，培训班坚持不下去了，合伙人想做点别的生意，下学期我们可能就要解散。你跟你爸爸说说，让我去他那里工作吧。”

五、

生鱼片铺成船，大龙虾翘首盼。露露带着张然，一前一后地推开酒店包厢镶金边的木门，出现在了露露爸面前。

露露脆生生地喊了声“爸，”被喊的人应声从大圆桌正中的椅子上站起身，露出老江湖熟练的笑——笑中含着威严，威严中含着热络，热络中带着些矜持，预示着即将要办的事儿有成功的希望，但需要对方努力争取。

不过，露露爸今天的笑中，比平常还是多了一丝真诚的。这一丝真诚意味着，即使他阅尽千帆，百毒不侵，练就了金刚不坏之身，女儿仍是他的软肋，是他唯一愿温柔以对的人。

“欢迎，欢迎！”露露爸伸出手，热情地要与张然交握。他作势迈出了几步，还没跨过两张椅子，张然已从门口三步并作两步地迎了过来。

“孙总好，孙总好！”张然拿出了十二分的气力应酬，腰像一弯弓。

露露找到离爸爸最近的椅子坐下，看着张然的“弓”。她熟悉这弓的弧度，她在张然任副总的培训机构待了两年，每逢上级主管部门来视察或者投资人来听汇报，又或者有大客户来访，张然的身体就会呈弓状，久而久之，平日里的张然也不由自主地有些驼背了。

如果今天露露爸穿的是黑皮鞋，张然穿的是白衬衫，只要露露爸暗示，露露不怀疑，他甚至会跪在地上直接用袖口去擦爸爸的皮鞋。好在露露爸是尊师重道的，在他的能力范围内，他也愿意哄女儿开心。况且，他的鞋厂要谋求发展，确实需要外语人才。一顿饭吃下来，张然基本取得了露露爸的认可，offer 就是一句话的事。

等他们出了包厢，露露灌了一肚子酸奶，张然则灌了一肚子酒。张然走起路来已摇摇晃晃，但他用最后一丝理智说道：“孙总，我送您走。”

三人站在酒店门口作别，露露挽着爸爸的胳膊，司机把车开到旋转门前，服务生殷勤地把车门打开，张然立马上去用手遮挡着车顶，腰又弯成了弓。司机在车内问：“孙总，现在去哪儿？”

张然实在是喝多了，脱口而出露露家的地址，引来了露露爸的侧目。露露神色紧张地遮掩着：“我之前跟张老师说过我住在那里。”

车往家行，半晌，露露爸忍了又忍，还是忍不住说道：“露露啊，哪怕他是你的老师，你也不能轻易告诉人家住址，这是起码的隐私保护。”他又叹口气，说：“现在的人，知人知面不知心。你看你们张老师，哪还有一点当年的书生气和斯文气？”

“他还不是被生活逼的。”露露忽然说了一句不属于她年龄的老成话，这又让露露爸侧目了，忙问露露这从何说起。

露露把在培训班见到的和张然曾对她抱怨过的——各种做生意的难，应对不同机关的烦，协调、管理员工的杂乱，滔滔不绝地向爸爸和盘托出了。这是小女孩费心靠近男朋友，努力了解他的世界后自然而然的体会。然而，这在露露爸的眼中有另一番解读——

一、“我闺女长大了，看事情看得这么明白，以后鞋厂可以放心交给你了。”

二、“张然一个大龄单身男青年，出身寒微，你以后离他远点。

你对他的事这么了解，知道的，认为你是难忘师恩，不知道的，包括他自己，还以为能和你做些文章呢。”

“做什么文章？”露露装傻。

“对你有非分之想。”露露爸言简意赅。

“像叶丽丽那样？”说这话时，露露已经到家，正在给王二咪换猫砂。

叶丽丽即昔日的董事长秘书，露露支支吾吾地喊过她几次小妈，但背地里都直呼其名。

“别提她，我们离婚了。”露露爸一边说，一边脱下了外套。

“啊？”露露震惊地张大嘴巴，怀里的王二咪顺着她身体的震颤也抖了一抖。

“露露，你到了爸爸这个年纪就会明白，没有血缘的人根本不会给你持久而可信的爱。”

“这么说，男女之间就没有真爱了？”露露疑惑道。

“也有吧，一起苦过来的有，一无所有时就在一起的有……太晚了，睡吧。”露露爸的话没说完，但他自觉不当，便走进卧室，只留下了一个孤独的背影。

六、

张然去鞋厂正式报到后，露露爸请他参加了家宴。理由很简单——露露正好也回广东了。

实际情况当然不是露露“正好”回广东了，露露根本就是陪张然来的。只是两人在车站分手告别，各自行动了。

很快，张然接到了请他入职的电话。他正在人力资源部办手续，露露爸的电话直接打进了办公室，要求部长把电话递给张然。张然受宠若惊，握着话筒，腰又弯成了一张弓：“好的，好的，是的，是的，您家的地址是？我几点过去方便？不不不，我没有什么忌口。”

再抬头时，帮他办入职的同事已对他换了一副脸——先前一副公事公办的样子，现在满脸堆着笑意。

一个小时后，他出现在了孙宅。露露梳洗打扮毕，像一颗清新的露珠，她穿着青苹果色的吊带连衣裙为他开了门。分开还不到半天，又见面了，王二咪见到他格外亲热，先是钻进了他换下的鞋，而后宾主间的寒暄和客套还没完，王二咪又卧在了张然的脚面——自然而然，娇憨慵懒，像极了当年的王小咪承欢在露露爸膝下。别说老江湖露露爸了，就是才来几个月的新阿姨都看出名堂了：“侬晓得伐，”她开始飙上海话，“咪咪可不是见人就靠的。”

现在是非常时期，露露爸特别敏感。这几天露露了解了他“婚变”及“政变”的全部过程——

当年在姑姑的提醒下，爸爸再婚时做了婚前财产公证。那个露露不愿叫妈的女人，这些年除了每个月几万块的家用，对爸爸的经济大权根本无法掌握。去年，她要露露爸转一部分股份给她，未果；

今年，她想开一家服装店，露露爸让她先去做一份商业计划书，她又不了了之。

于是，她开始神不知鬼不觉地安插诸多亲戚在鞋厂，还一起策反其他员工。露露爸给他们发工资，提供办公场所和宿舍、食堂，他们私下里却成立了竞品公司，将一些订单和客户“截和”。露露爸发现后，提出了离婚。他经济上肉痛，精神上受伤，现在就怕有人惦记他的钱。

“二咪是张老师送的。”露露及时出来解围。

她编了一个八九不离十的故事，把几年前那个下午发生的事儿略过她的投怀送抱，说起了她和张然的三年之约。她提到了铁轨，没提树林，提到了王小咪的去世和王二咪的到来，没提她的表白。

故事听完，露露爸举杯道：“好！感谢露露在成长路上有你这么好的老师！”

“哪里，哪里。”张然支起了“弓”。

“也希望今后张老师继续为露露做表率。年轻人要敢于吃苦，任何年纪都可以从零开始，从头再来。”露露爸拿出做企业文化的派头，握着拳，挥了挥胳膊。

南方日长，虽是晚饭时分，阳光犹毒。夕阳余晖下，孙宅小餐厅临窗的薄纱上映着露露爸挥舞着的手臂影子，谁都没想到，他的承诺竟如此兑现——

张然之前好歹是一个团队的副总，“诸侯一方”，可他第二天拿到的工作服，确切来说就是工服，和工人们没有两样。他就是工人而已。

“从零开始？这就是从零开始？”张然在电话里冲露露咆哮。

露露如今白天要军训，晒得黑漆漆，晚上还要协调“翁婿”关系，抚平张然不得志的创伤，几天下来，长了一嘴火泡。

她蹲在宿舍门口，磕磕巴巴地问爸爸为什么冷待张然，爸爸的解释是，厂有厂规，再高的学历，再大的来头，包括他自己，包括当年露露妈，都是厂里的每个环节都做过才能当老板的。

“是人才都会出头，想作妖的都会露原形。”爸爸把话说到了这个程度，露露也不敢再抗议。爸爸现在经常和她说些工作上的事儿，他说，今天我把财务总监和法律顾问都换了，不为什么，就因为他们是叶丽丽招进来的……

“由此产生的损失，你就不要再问了。咱们吃一堑，长一智。”露露爸把话题拽了回来，“任何人都一定要从零开始，就算是你来到厂子里工作，也顶多从‘拉长’做起。”

在工厂里，一些人的脚底板是另一些人的天花板。张然从流水线上的“螺丝钉”奋斗到“拉长”，花了半年的时间。他再从车间奋斗到办公室，利用自己的外语特长，穿回衬衫和西裤出去与人谈生意，这个过程，又花了一年多。

张然谈妥第一单生意后，露露在阳台的长桌摆上了花，设宴为他庆功。张然表示，“卧薪尝胆，唾面自干”这八个字，目前是他的座右铭。

“你卧什么？尝什么？谁唾你了？干了以后，你想干吗？”露露只是比张然小，并不傻。她的少女时代寄人篱下，像埋秘密一样心里长年埋着张然，表面上还要做另一套戏。露露爸还对她着力进行接班人式的培养，合力作用之下，她远比同龄人更成熟、更警觉。

张然不语，半晌，答了一句：“我想给你好的生活，想让你爸对我刮目相看，想以后帮你管好产业。”

“我没有产业。”

“你是‘皇太女’。”

“那些产业都是我爸的，不是我的。”

“你别说得那么绝对。”

“我妈妈说的，拒绝别人要干脆。”

“你妈妈？你们还每天通邮件？”

“嗯。我妈跟我爸说，她想让我转学去英国。你愿意再等我三年吗？两年本科，一年硕士。”

长久的沉默，张然捏着红酒杯的手，关节发白。

“我不想等了，露露。”

“你想和我分手？”

“不是，我的意思是，我今年三十岁了，而你还年轻，随时会从我身边‘飞走’。”

“那你要我怎么做？”

“我们结婚，你带我去英国。”

“我还是个大学生。”

“国外大学生可以结婚。”张然突然走去厨房，他回来时，带着一瓶听装可乐。他急切地拉开易拉罐，抓起拉环，装作戒指，单膝跪地套在了露露的无名指上。

七、

两代人的故事相似，都是两情相悦，私订终身，露露没想到，上一辈的“先驱”却做了拦路虎。

露露爸得知露露要结婚的消息后，坚决不同意，当场决定开除张然，却被露露以死相逼，坚决拦住了。

“他比你大那么多！”露露爸冲露露喊。

露露冷静地回答他：“我就是缺少父爱，我就是喜欢大叔。”

露露爸不说话了，开除虽然不了了之，但重用张然也就更不可能。他想和露露结婚？开玩笑！

得知“露露要结婚”的消息后，露露妈带着外国老公和混血小女儿乘飞机火速回国，一家人约在了鞋厂的会议室见。进进出出的老员工看见露露妈都不禁一愣：“王总？王总！”

老外看什么都稀奇，对谁都一副好脾气，包括露露爸。露露爸坐在会议桌前，一抹脸把老江湖熟练的笑都抹掉了，只剩岁月沧桑，是一脸万分糟心的表情。他冲露露妈疲惫地一努嘴，算是把分别的好几年都尽在不言中地交代了。老夫老妻的默契，也尽在不言中了。老外还是无动于衷，只将手搭在露露妈的肩头，问："Your before husband？"

等露露推开会议室的门，亦舒女郎般的露露妈马上就失态了。

她冲上前，一把抱住露露，用脸贴着女儿的脸，亲女儿的额头，亲热得像今天早晨才分开一样。而事实上，她们已经两年没见了。

母女俩未经商量，同时穿了珍珠白的真丝衬衫和淡蓝色裙子，不同的是露露妈的裙子是绸的，垂坠的，露露的是欧根纱的，蓬蓬的。

"Sisters!"老外冲着四肢交缠得无法分割的母女惊叹，这是他第一次见露露。

露露妈的情绪良久不能平复，老外走过去一把将她拥在了怀中，他的胸前背带上还挂着小女儿，另一只手看样子想把继女也拥住，被露露爸蒲扇般的大手一挥之下挡住了。

前夫与前妻约在会议室见面，自然不只是为了家事。

前王总在英国已成立了自己的工作室，专做各种中式风格品牌鞋的代销，算是站稳了脚跟。如今工作室需要扩大规模，处处要用钱，虽然六年来，每年露露爸都会给露露妈一笔丰厚的分红，但此次她想要个痛快的——撤股，套现，拿回应得的资金。

露露爸面有难色——铲除叶丽丽及其爪牙对鞋厂伤筋动骨，现金流如今情况不妙。他本不打算在前妻面前哭穷，无奈造化弄人。

当晚，在酒店套房里，趁着露露妈在洗澡，露露偷偷发消息给张然。

她把一下午的重逢与对峙、博弈与辩解都说给了张然听，张然疑惑地语音留言："你确定你爸说的那些难处不是故意说给你，说给我们听的？"

"你什么意思？我从没见过他那么为难的样子。"露露有一丝不高兴，张然的语气似乎是和露露家保持着距离，正伸出一只脚犹豫着要不要加入。

"露露。"此时，露露妈擦着湿发走出了浴室。

"好了，就这样吧。"露露急急地打了几个字。

"你姑姑对你好吗？小梅欺负过你吗？咱们前几次见面都是在你姑姑家，不可能展开谈，这次可以痛痛快快地聊了。"露露妈说。

"你的男朋友是什么样的人？这么早结婚，你想好了没有？听说王小咪不在了，你又养了一只一模一样的猫？"露露妈又问。

“姑姑对我很好，是当我是一份工作的那种好。姑父也是，明明不喜欢猫，却当成工作一样，会把猫照顾好。他们不会对我发火，会对表姐发火，但表姐也能对他们撒娇。”

“表姐和我也很好，我有的，表姐都有。她在法国读书，假期飞来飞去地到处旅游。他们背后喊我‘小财神’，有时候，如果不是因为钱，我觉得我对他们来说就是个累赘。”

“你怎么会是累赘？”露露妈的面色明显不悦。

“妈妈，如果不是张然，我都不知道那几年是怎么过来的。”露露蜷在妈妈的小腿处，像一只猫。她花了四十分钟把她和张然的故事从头到尾说了一遍，铁轨，月亮，猫，高考，培训班，鞋厂。还有她的梦，笔画们排成排组成的“天涯孤女”和“广州大学”。

露露妈一下一下地摸着露露的头，像当年顺着毛摸王小咪。

她说，年龄不是问题，她比外国老公还大六岁呢。能不能长久也不是问题，当下能得到对方的对等付出，就算值得。比如她和露露爸，她就从没后悔过。问题是人品，问题是值不值得付出，问题是他究竟爱你的人，还是爱你能带给他的那些好处。

以上的话，露露待之如尚方宝剑，露露爸找她谈话时，她一字不漏地复述了一遍。

“你妈……”露露爸轻轻摇头，王二咪打了个哈欠，伸出爪子拍了拍他。

小六岁的外国老公刺激了他，但“没后悔过”这句话，更具杀伤力。

“这件事，就听你妈的吧。”他说。

同样的话，露露对张然又重复了一遍。她让张然放心，三年后她就会回来。而且，他们的感情如果没有距离，也就没有考验。就算他们要一起去英国，也需要时间去办理手续。更何况，张然想去英国，也应该靠个人奋斗，而不是靠别人的关系。

张然扶扶眼镜，说：“好。”

他把露露揽进怀里，说他忽然想念苏州了。现在他觉得，在中学教书那几年是他的黄金时代。

露露被他圈着，第一次感到不适。妈妈临走前对她说：“我的年龄多大，全球女性的黄金年龄就多大。”这句话是答案，回答了露露关于外国老公比她小和她怕不怕老的问题。

张然没见上准丈母娘，准丈母娘来去匆匆，行走江湖靠一个“义”字，股份套现的事儿暂缓，她去上海谈生意了。几天后，露露就会去上海和她会师，然后一起去英国。

“三年，等我三年。”露露在机场，唇贴在张然耳朵边轻声叮咛。

张然没说话。前途茫茫，他十六岁时带着全村的希望去南京上大学的时候，都没有像现在这样迷茫过。

关于露露与张然的关系，露露爸只有一个条件——现在他们不能结婚，自己会把张然安排在合适的岗位。

张然也只有一个条件——把王二咪留给他，他说，想露露时，就摸摸王二咪。

可是，张然没能熬过三年。三个月之后，他就消失了。

他的宿舍门关了两天，同事发觉已经四十八小时与他失去了联系，就去宿舍敲门。没人应门，众人合力把门撬开后，只见人去楼空，只剩一双旧拖鞋扔在床边，奄奄一息的王二咪瑟缩在墙角。

王二咪身上起码有十八个疤，都是烟烫的。它的小腿腿骨已经骨折，走起路来一瘸一拐，毛色发黄，惨不忍睹。

此事惊动了露露爸，他让家里的上海阿姨把王二咪接回家，请宠物医院的医生上门问诊。王二咪的伤势太重，医药费就花了一万多块。医生说："这些伤肯定是有人故意弄的，猫腿是被掰断的，身上还有被皮带抽的印子。"医生手上不停，嘴也没停："这年头心理变态太多了，人没法虐待，就虐待猫！"

露露气得发抖。

视频中，她看见了站不起来的王二咪。

她知道这是为什么。

前几天，张然又对她提出了新要求，这次，他不想去英国了，他想要一笔钱。他觉得他还是适合做教育，做英语培训机构，他想回苏州做。

“好啊！”露露支持他。

“你去跟你爸说，给我一笔钱。”张然不暗示，完全是“明示”。

“鞋厂现在资金链有问题，你不是不知道。”

“那你把房子卖了吧。”

“那是我爸给我的礼物。”

“孙露，我这样是没前途的，我们的感情也是没未来的。我不想在东莞这个小地方耗下去了。”

他们不欢而散。

类似的争吵，三个月来起码上演了十五次，这令露露一再想起父母离婚前，她躲在卧室里听他们“厮杀”的夜晚。

他们到此地步，已经不会和解了。

在张然看来，二咪就是露露的替身。他虐待二咪，就是想虐待露露。他烫在二咪身上的疤，带着多少恨！

“如果露露当时在他的面前……”

露露妈和露露爸在视频里彼此隔着千万里，却异口同声。

“张然后来找过我，想拿一笔钱创业，也算他和露露耗了这么多年的青春损失费。”露露爸一边说，一边点了一支烟。

“你给了吗？”露露妈只觉莫名其妙。

“我想了想，给了他二十万。露露是女孩，万一他出去胡说什么，会损害露露的名誉。”

“你顾虑得也对。”离婚多年，露露妈倒能和露露爸相敬如宾了。

王二咪身心受到重创，瑟缩在墙角，呆呆的，和摄像头另一端的露露一个模样。

八、

三年又三年，孙家发生了两个大变化，首先的是，露露毕业了。

露露爸在毕业典礼上又一次出尽风头，比多年前的那场毕业典礼还带劲——他平生第一次穿上礼服，打上领结，像一个真正的绅士那样坐在观礼台观礼。露露妈的礼服也是黑的，不是她和露露爸穿了情侣装，而是她的外国老公去世后，她就一直穿黑色。

这位老好人和癌症苦斗了一年，癌细胞扩散后，终于撒手人寰。露露妈料理完丧事，才好好哭了一场，在此之前，她只情绪失控过一次——得知老公的病情时，露露看着她从书架深处掏出了一瓶XO，一饮而尽。不过，第二天起床后，她表现得就像什么都没发生过。

露露是一级荣誉毕业。校长报出“Kitty Sun”的名字时，露露爸妈的眼眶都红了。校长将露露硕士帽的穗子拨到一边，礼成。露露的混血小妹妹Celina在一旁把巴掌都拍红了，合影时直抓着那穗子不撒手。露露把这还不识人间疾苦的娃紧紧搂在了怀里。

回国前的最后一晚，在露露妈家的客厅，只有他们前夫与前妻两人。

“不如，你们娘儿俩也跟我回国吧。”露露爸的脸朝着宽大的壁炉，背后是忙着为露露收拾行李的露露妈。

这几年来，孙家的第二个变化是，露露的爸妈又成了合伙人。

鞋厂曾经难以为继，一度，露露爸把房子都抵押出去贷款了，还差点和露露决裂——他希望露露把她名下的那套房子也抵押或卖掉，被露露拒绝。露露不想一家人连个落脚的地方都没有，她甚至提议爸爸去申请破产，因为财务的亏空冰冻三尺非一日之寒，都是叶丽丽及其爪牙在鞋厂种下的病根，现在已经让鞋厂“病入膏肓”。

但露露妈建议他转产。

反正都是做加工，他做什么不是做呢？

她手上有订单，那些产品，她找谁加工不是加工呢？

这对昔日一起白手起家的创业者，第二次握手了。很难说他们谁是谁的救世主，因为露露继父生病的那一年里，没有露露爸，露露妈的生意也根本做不下去的。

“给我一个补偿你的机会。”露露爸站在露露妈面前，摁住她关箱子的手，恳切道，“我会把 Celina 当作自己的孩子来养。这些年，我觉得还是我们两个最适合。”

锁匙插进锁里的声音，开门的声音，踢掉高跟鞋的声音，穿着拖鞋走进客厅的声音。

露露穿着亮闪闪的香槟色吊带裙，蹬着一双透明的粗跟鞋，怀抱着一只小猫进了门。猫的额头上有一抹黑毛，像阿迪达斯的商标。

猫是她下午去集市领回来的，提前预订了好久，专门用来送给Celina——因为姐妹两个将有很长一段时间不能见面。

露露预订猫时，宠物商店的老板曾眨着蓝眼睛问露露的要求，露露转了个身，把后背亮给他看。

“Oh，my god！”

宠物店老板叹的是露露肤如凝脂的右侧后肩上，文着一只栩栩如生的猫，像是在向他问好。

所以他也向“猫”问了好：“Hi！”

蓝眼睛和露露互相留了联系方式，他会发图片给露露，会说宠物店的各种趣事和奇葩事，他说他去过中国，很喜欢，上一次去，还和中国朋友看了电影《战狼》。他还问露露，为啥不在后背文上五星红旗，那样更像个中国英雄。

露露经历了和张然的种种，现在很少提家里的事儿，只希望对方把她当普通女孩对待。

她发现原来和同龄人交往这么轻松，蓝眼睛的一个笑话就能让她开心一整天。

他们并肩走在街上，分吃一盒冰激凌，周末和一堆年轻人开Party，参加宠物沙龙，远足，而参与这些事，是大她十岁的张然不会有的闲情逸致。

蓝眼睛昨天告诉露露，他找到一只和她的文身一样的猫，于是，露露把它带了回来。

“到家了吗？小猫是否适应新环境？”蓝眼睛打来电话问。

“你对每个顾客都这么热情吗？”露露笑着反问。

露露一边握着手机低吟，一边走向客厅。

然后，她赶紧掐断了电话，拿出了十二分精神应对眼前的场景——

头发花白的爸爸跪在妈妈面前，把脸埋在妈妈的掌心里，像小孤儿找到了依靠一样。

他们没有要分开的意思，箱子敞开着，几件衣服就散在他们脚边。

露露没惊动他们，蹑手蹑脚地上了楼，走进妹妹的卧室。Celina红苹果似的脸，正贴着怀中的芭比娃娃。

露露坐在她的床边，凝视她，又看了看自己怀中的王三咪。

她想：我们回国后的第一件事，就是把我小时候攒的那些娃娃整理出来，传给妹妹；王小咪、王二咪用过的那些猫玩具也得找出来，传给王三咪。箱子也要多买几只了，看来这次是全家大迁徙。

“Kitty，Kitty，你会喜欢中国吗？”露露摸着正喵喵呜呜地哼唧的王三咪。

有件事，从前张然问过，今天蓝眼睛也问过，那就是，为什么她养的猫，无论王小咪、王二咪，都有一个一样的英文名，现在也传给了王三咪——对，就是Kitty。

她的答案是——

“我妈妈给我起过一个英文名，叫Kitty，她喊家里的小猫也一样，有时叫王小咪，有时叫Kitty。妈妈不在的时候，我喊小猫也喊Kitty，这样就像是妈妈在喊我，这样就不会做噩梦，不会在梦里哭醒，不会觉得自己是天涯孤女了。”

那些渴望爱、害怕失去爱、紧紧抓住眼前的一丝爱的日子，终究过去了。

我一直在想一个问题，在爱情中，谁是天使？是那个被追求的、被爱的？还是那个无论你是好是坏，始终爱你、守护你的？

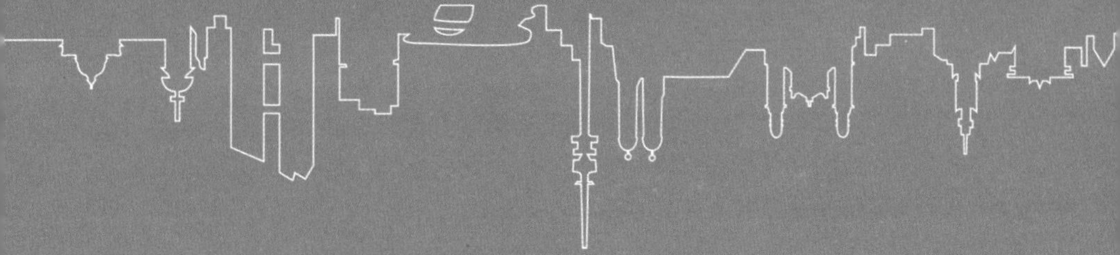

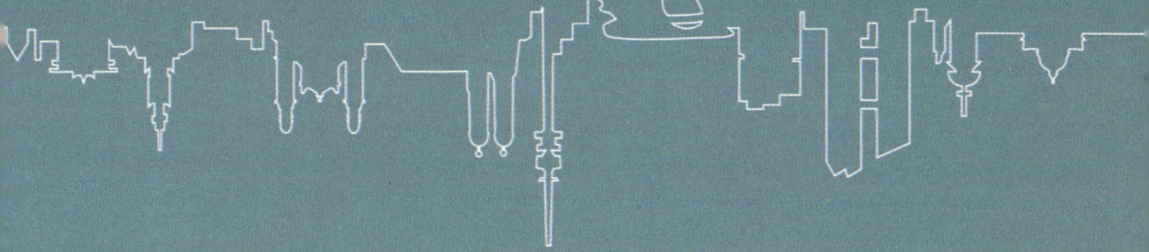

天使

天使

一、

在万泉河路的学校西门，工人们正忙着把“中国人民大学”几个字涂成红色。

我从出租车上下来，站在半红的字前，忖度着，这次是要迎接什么庆典。

人来人往。

我的左肩被拍了一下，一开始，以为是被谁无意撞到，还没缓过神，又是一下。我回头，迎上一张美丽而陌生的脸。

那张脸，雪白，眉如远山，眼线狭长，眼睛微蓝，红唇只一弯。

脸的主人，是一位女士。脸裹在她精心烫过的栗色短发中，秋风起，发卷儿翻起细浪，像蛋糕的巧克力花边起伏荡漾。

“请问，有什么我可以帮你的吗？”我的第一反应是，她要问路。

“你好，我们是不是认识？”女士露出困惑的表情。

风吹乱她的发丝，她用涂满鲜艳蔻丹的手指拨一拨，两只玫瑰金色的、几何图形的耳环在短发的栗色影里晃来晃去，颈上同款项链的吊坠，自黑色裹身长裙深V的领口滑向外面，乳沟呼之欲出，真是风情万种。

大货车、出租车、单车、小三轮，一辆接一辆地经过我们身旁，车上车下的人纷纷回头看她，女士不以为意，看样子，高回头率是她人生习以为常的部分。

“唔，你长得像我一个同学，”她嘟起红唇，将食指按在唇上，做思考状、烦恼状，“但我把同学的名字忘了。”

这像异性之间的经典搭讪，但我与她是同性，面对美人的娇嗔，我冷静地问：“你同学是哪里人？”

“潞城。”她清脆地蹦出两个字。

“潞城？”我开始相信，我们有认识的可能，但怕遇上街头行骗的，我仍迟疑着，不肯报出姓名。

接着，她主动交代了自己家在潞城的哪块儿、父母的单位、上过的学校，越说越真切，等我们终于脱口而出彼此的名字，几乎同时伸出手，拥抱住了对方。

我们留下了彼此的联系方式，约好三天后再见。

我将胳膊抡起一个半圆，指着不远处一栋红色的楼，表示那是我的住所，欢迎来玩。我的同学孙岚则打开黑色的菱格花纹的真皮小包，摁动“双C”组成的按钮，取出名片：“还是你来我的工作室坐坐吧。”我答应了。

我猜，她的名片一定洒了香水，我握着一路走，一路上香气怡人。

二、

我本该第一眼就认出孙岚的，因为她有一双防伪标志般的蓝眼睛。

小时候，小伙伴们总围着孙岚喊：“外国人！外国人！”

她从小学五年级起就追求者不断，来自四面八方的情书中，亲密称呼都围绕着她的眼睛，如“猫女”，如“蓝精灵”，如“蓝凤凰”。

据考，孙家确实有外国血统。孙岚的外祖父是苏联专家，20世纪50年代从异国他乡来到中国，支援军工业建设。

孙岚的外祖母是一位芭蕾舞演员，在一次慰问外国专家的演出中，她邂逅了她的真命天子，从此他们在神州大地上工作、生活、繁衍，变成了“孙姥姥”和“孙姥爷”。

孙姥爷是不是参与组建过我们父辈所属的工厂，我不知道，但我觉得他总该与之有些关系。

这座工厂是军工厂，一部分人在深山老林里伐木，再为部队生产枪托、子弹箱；另一部分人在经济发达的潞城工作，车间却更像办事处、联络处。

我在潞城厂里的子弟学校读书，小学四年级时，孙岚转学到我们班，一同转学的还有一个男生，名叫李砚。

我还记得，那是教师节后的第二天，班里还堆着同学们献给老师的许多花。开学已经一周多了，班主任孙老师正在黑板上列算式，忽然被校长叫出去，再进来时，他领着两个新学生，男孩穿白衬衫、深蓝短裤，女孩穿白衬衫、深蓝背带裙。

后来我们才知道，这是他们在山里的小学表演节目时穿的礼服，可见他们对加入新集体这件事有多郑重。

小胖子李砚，细眉细眼，像弥勒佛一样，他一开口，我们就哄堂大笑。他有浓重的口音，“风”会说成“轰”，“我”都用“俺们”表示。

有他打头阵自我介绍，打扮得像海军水手、顶着一头乌黑亮丽短发的孙岚无论怎样表现都会让人刮目相看，她并无口音，解释自己的名字，是“山风”，还唱了一首和山风相关的山里小调。

噼里啪啦的一阵掌声，是孙老师带头鼓掌，接着，校工搬进来一张桌子，摆在教室最后，孙岚和李砚就这样成了同桌。

不用说，孙岚和李砚的父母，从山里调来潞城了。

他们起初住在车间旁的简易安置房，像今天建筑工地的工人们临时搭建的房子。夏天酷热，到冬天，他们就分进了一栋筒子楼，楼道黑漆漆，灯泡时亮时不亮，墙上挂着多个自行车的车轮，到处是各家堆放的、想扔又舍不得扔的破烂。讲究一点的人家，还会在自家的破烂上披一块黑毡布。孙家和李家门挨门，房子的格局都是一室一厅加一个阳台，厕所和厨房是整层楼公用的。

之后，起码三次分房，从筒子楼到单元楼，从长江西路到东路，不知是巧合，还是他们刻意申请，他们两家总是挨在一起，连自行车轮都挨着，做足了半辈子邻居。

孙岚有出众、别致的美貌，从小就是焦点。

自她转学过来，周一的早操，升旗手是她；期末的汇报演出，报幕员是她；演出的压轴舞蹈，领舞的还是她。

孙岚的父母很注意对她艺术方面的培养，她像孙姥姥一样，打小儿练习芭蕾，还学了好几种乐器，她家几乎是我们那儿最早购置钢琴等大件的人家之一。节假日，她一定要去野外写生，这绝不是普通的山里人家能有的教育。

相比之下，李砚则一直是孙岚的配角，是她最忠实的小跟班、守护神。

直到成年，他都是笑呵呵的白胖子形象，爱说笑话，爱做饭，人缘很好，饭局中总让满座生春风，但他和相貌堂堂、第一名、冠军等人中龙凤的字眼从不相关。

把孙岚和李砚绑定在一起的是距离和经历。

从山里到潞城，他们一直是邻居。

据传，两家母亲怀孕的时间只差一个月，孙岚妈妈本来怀的是双胞胎，但不小心早产，孙岚的胞姐出生后一小时就不幸夭折，孙岚因为出生时尚不足月，且为硕果仅存，被家人格外珍视。比她大三天的邻居小哥哥李砚是她的第一个玩伴，打他记事起，就被交代了神圣的任务：爱护她。

仅我肉眼所见，李砚对孙岚的爱护、守候就包括——

每个周一，孙岚升旗要早到学校，李砚陪着她天蒙蒙亮就从筒子楼一起出发去上学。

孙岚练舞时，李砚抱着她的书包在大教室外等。

他们长得稍大点，在孙岚参与的各种舞蹈节目中，能看见李砚做匪兵甲、匪兵乙的身影。

孙岚演白雪公主，李砚是七个小矮人之一；孙岚演《拔萝卜》中的小姑娘，李砚是白胡子老头。初三毕业前的全校联欢会，孙岚跳了一支独舞，她演一位天使，绕一棵堆满雪的大树翩翩起舞，她戴着象征天使光环的头冠，两只翅膀在她身后随舞姿震颤，座下观众屏息凝视，欣赏着。舞罢，天使深深弯腰，在掌声中退场，大树也走下场，原来，大树是李砚扮的。

孙岚去野外写生，李砚对此毫无兴趣，但也高高兴兴地提着野餐篮子陪同前往。没有比吃更让他感兴趣的，如果有，那就是准备吃的。好几回，他竟带着自制的鱼竿、鱼钩，在小水沟旁钓起许多小龙虾，带回家，无师自通地精心烹制成一顿美味的“麻小”。而那时，我们才十几岁。

许多年后，当年一起参与吃喝的同学，在李砚将“木子石见”作为招牌悬挂、名列潞城前三、每逢夏天便挤得水泄不通的小龙虾店聚会。

李砚忙着协调全店，招呼各桌，抽空过来和我们喝了杯酒。一位同学敬了他啤酒，同学一饮而尽，拍着他的肩膀道：“你随意，你随意。”同学又转头对服务员说：“你们李老板啊，我真是吃了二十年他做的龙虾。小时候，他还自己钓，自己做给我们吃呢。”

记忆中，孙岚和李砚唯一的一次争吵，发生在一次课间。

李砚追着孙岚打闹，无意间在孙岚白得透明的脸上留下了一道指甲印。孙岚的皮肤，我发誓是我见过最吹弹可破的。李砚真的只是划了一下，像风吹过树梢一样随意，顷刻间，孙岚的脸却开始鲜血直流。两人直奔校医务室，医生给孙岚做了简单的处理，两人回到教室，一路上，只见李砚一会儿跑前，一会儿跑后，哄孙岚开心，求孙岚原谅。为此，班主任老师罚李砚站了一堂课，当晚，李爸爸李妈妈推开孙家的门道歉，却发现小兄妹俩已冰释前嫌，在一张小方桌上头碰头地吃完饭，又一起做功课了。

从十岁到十五岁，我们朝夕相见，生活、学习都在同一个大院儿。

十五岁后，我们分道扬镳——

孙岚跳完《天使》这支舞后，去读了艺校。

她的某个叔叔在部队任职，孙妈妈不止一次地提醒她，不要在晃动的车厢看书，要保护好眼睛，以后才能当文艺兵。

她的青春和我们的都不一样，她边读书，边“跑场”，潞城有名的酒吧、舞厅都有过她领舞、伴舞的身影；她还参加过首届潞城小姐的竞选，排名第十二；一个著名内衣品牌举办的主持人大奖赛，在潞城赛区，她进了决赛，但因普通话不过关，最终被淘汰。

李砚去念了职高，专业是酒店系统，他选了烹饪方向。职高学制三年，两年读书，第三年去五星级大饭店实习。

我读的是普通高中，按部就班地走升学的路。

艺校需要住宿，职高的实习多，我们见面的机会屈指可数。

一次，我在潞城街头打车，正愁没一辆车经过时，眼前忽然停下一辆大摩托，响着“狼爱上羊啊，爱得疯狂”的歌，是李砚。

他穿着果绿色大T恤，破洞牛仔裤，笑呵呵的一张胖脸，像富贵菊一样绽开，眼睛眯得像初七的月亮般清新可喜，在“爱得疯狂”的歌声中，他抖动藕节一样宽阔圆润的臂膀，示意我上车，像一个威猛而可爱的骑士。

另一次，大约是在高考前，在我回家的小路上，我走在前，却不知孙岚在后。走着走着，我的左肩被拍了一下，过了一会儿，又被拍一下，我一回头，迎上她美丽的脸。

三、

“送朋友？”

“是。”

“男的女的？”

“女的。”

“她多大年纪？”

“少妇。”

“那送玫瑰吧，我们刚进了一批特殊品种的玫瑰，爱美的女士都会喜欢。”

我在学校东门的花店选花，店员把我带进花店深处，也是百花深处。

一个个白色的铁皮桶排着队，立在木质架子上，桶桶盛满鲜花，活泼泼地绽放着。店员指给我看最里面的那几桶，那批特殊的玫瑰，有橙色，有紫色，还有蓝色。

“蓝的吧，我朋友的名字谐音它，她的眼睛也是蓝的。”我灵机一动。

“好的。”店员抓起几枝蓝色的玫瑰，又去找与之相配的花草。

趁店员扎花，我掏出孙岚给我的名片，三天了，香水味还在。我对着手机，把名片上的地址输入百度地图，再按“到这去”，地图显示：距离 1.1 公里。

我打算步行前往。

“您太会挑啦！”店员将一大捧打扮停当的蓝色玫瑰喷上水，蓝色花瓣上，瓣瓣滴着露珠。它们裹在牛皮纸中，显得粗粝又温柔。

店员再把花塞进我怀里，不忘恭维我：“这花叫蓝色妖姬，象征纯洁的、单纯的爱，代表恋人之间注定的相遇，代表没有其他因素掺杂的爱情。”后半句，她是对着贴着花语标识的墙读的。

“谢谢。”

“不过，这不像女人送给女人的花哈。”几乎所有的花店小妹都扎着头巾以示小清新，我眼前的这位也扎着细格纹头巾打趣我。

“没事儿，我这个女朋友是万人迷，我要祝她拥有纯洁的、单纯的爱。”我接过花，笑说。

我走出花店门时，艳阳高照。

眼下，正是北京最好的季节，秋高气爽，站在高处往远望，云像薄薄的白萝卜片，摆在碧空上配盘。

我捧着大束的蓝色妖姬，一路上，赢得不少人回头。过天桥，往南行，路过地铁口，经过友谊宾馆、北京理工大学、中国人民大学，走到魏公村路口，导航一会儿提示我向左，一会儿又让我向右，弄得我晕头转向，我给孙岚打电话——我迷路了。

“你确切的位置是？”

“魏公村路口。”

“你站在那儿吧，我来接你。”

“好，我标志明显，捧着花。”

高考前那次遇见孙岚，我们一路说笑着回了小区，她怀里也捧着一大束花，也是玫瑰，红艳艳，四周的满天星快溢出包装纸了，应该是她的某个追求者送的。当时小路上和小区里有限的路人和我们擦肩而过，都回头望望。

当时，一路走，我一路不断打量她。

艺校三年，孙岚已从小美人出落成了大美人。

她打扮入时，眼皮上闪着金粉，樱唇一点红，两只亮晶晶的耳坠子随着她的笑来回摆动。她上身穿淡蓝色的真丝衬衫，下身套一条薄薄的黑色九分裤，脚蹬一双蓝色牛仔布高跟鞋。我之所以印象如此深刻，是因为无论那件蓝衬衫，还是那条黑裤子，还是那双鞋头有蝴蝶结的鞋，都很快溅上了油——

我们聊得难舍难分，她约我去她家，可能要拿什么东西给我，我们还没来得及换鞋，就听见了敲门声。

是隔壁李砚，他刚试出得意的菜，察觉到动静，忙不迭地拿瓷盆装过来，就在他敲门、推门之际，一块排骨如鲤鱼跃龙门般冲出瓷盆，在空中抛了一个拙劣的弧，先落在孙岚的胸口，再跌至她的大腿，最后砸向了鞋。她的一身穿戴，无一幸免，几处指甲盖大的油斑，清晰可见。

“看你！”

“都怪你！”

“怎么办！”

以上三句都是孙岚嗔怪李砚的。

“好啦，好啦，都怪我。”

“不过你还是尝尝吧？我做的卤味天下一流！你知道秘诀是什么吗？我做的时候不放水！”

“别生气了，我赔你衣服还不行吗？”

以上三句都是李砚给孙岚赔罪的，他还手捧着瓷盆，里面褐色的一堆，真香。我顺着香气，识别出猪蹄、豆干、鸡翅、卤蛋……

真香，多年后的今天，我站在魏公村街头，正是饭点儿，四周的饭店像亲密的邻里，默默交换着食物的香气。

“我看到你了，站着别动，我去把车掉个头。”孙岚给我语音消息。

“导航显示我们相距就二百米了，为什么还要开车？”我疑惑。

“咱们先去吃饭吧。”

等孙岚掉头的工夫，我又把她的名片掏出来研究：“孙岚，山风工作室 CEO”。

我百度了下，发现“山风”是个原创服装设计品牌，小众，特色是极简，“颜色、线条都极简”“适合都市轻熟女”。

嚯，孙岚成服装设计师了？

我再搜，该品牌还参加过几次原创服装节，最近的一次在大连，最近的一处在白洋淀。

我正忙着看手机，孙岚已把车停在我跟前，她栗色的小脑袋从车窗探出来：“快上车，这里不许停车！”

我迅速蹿到车边，打开车门，坐上副驾驶座，忘了把“蓝色妖姬”们放在后座。

“谁送你的？”她娴熟地打着方向盘，开玩笑。

“我送你的。”

“这年头，用心的礼物都是女朋友送的。”

“哈哈。”我大笑。

“咱们吃什么？”她问。

“你定。”

“那去吃川菜吧，我在川渝两地待了好几年，口味也和那边的人差不多了。”

“你还在四川、重庆待过？”我惊讶，我们隔着各自经历的沟，日子如一匹布，值得逐丝检阅。

四、

孙岚开车绕了一大圈，又绕到我出发的人民大学西门，再左拐，在双安商场旁找了家安静、优雅的川菜馆子。“先来两斤麻辣小龙虾。”她吩咐。

“冒菜、毛血旺、水煮鱼……”她翻着菜单，那气势不像点菜，像看合同。她抬起头，瞟了一眼服务生：“点上了吗？”

服务生本来在记菜名，迎上她微蓝的眼波流转，差点被电晕。

我坐在孙岚对面，有千言万语想要问她，比如成都，比如山风工作室，比如她和李砚，比如她离开潞城，回去后又从潞城离开的故事，时间的这匹布，我不知从哪段着手抽丝起头，也拿捏不好分寸，便默不作声。

合上菜单，孙岚对服务生莞尔一笑，年轻的、瘦得像麻秆似的服务生脸忽地红了。

“我知道，你想问我很多事儿。”待服务生走开，孙岚耸耸肩放松自己，涂满蔻丹的手捧着腮。

我也耸耸肩，等她开口。

“知道吗，那次约你去我家之后，没多久，我就去了农场。”

她像等了很久，终于找到可以倾诉的人。

我点头："我当然知道，当时那件事闹得很大，还上了报纸。"

哐！一扎冰镇酸梅汤以迅雷不及掩耳之势掼到我们桌上，换了个服务生，是个女孩，以她的脸色和动作幅度，我猜，她是刚才那个脸红男生的女朋友。

"嗯。"孙岚继续说着，扬起蔻丹鲜艳的右手，从我面前端走杯子，为我斟满了酸梅汤。

所谓农场，是潞城附近青湖农场监狱的简称，孙岚当时被判刑四年，我上大学前，她入狱，我大学毕业后，她出狱。

关于孙岚为什么被抓、坐牢，江湖传闻有许多。

其一，说孙岚是某个黑帮老大的女人，黑帮老大犯了事儿，她犯了窝藏罪，被牵连。

其二，说孙岚是被几个黑帮老大热烈追逐的对象，几位老大在舞厅为她争风吃醋，发生械斗，出了人命，事儿是她挑起的，主犯是被她教唆的，她犯了教唆罪，被牵连。

其三，说孙岚自己就是黑帮的成员，那场出了人命的械斗，她根本是参与者、策划者、主谋，四年都判轻了。

一定还有其四、其五、其六等说法，但年代久远，我忘了。

孙岚自己的说法介乎以上三点之间，当年的案发时间，是八月的一个深夜；案发地点，是潞城的酒吧街；涉案人员，是一帮二十岁上下、荷尔蒙分泌旺盛的年轻人。

孙岚打小就爱慕者无数，但她之前都很懵懂，上了艺校之后，情窦却忽地开了，再加上学校是寄宿制，父母鞭长莫及，她的男朋友换了又换。案发时，孙岚的男朋友姓黑，人称小黑，是“官二代”，严格来说，还是孙岚的师兄——他是那所艺校早几年的肄业生。他的妈妈是省剧团的台柱子，在小黑出事后，他爸爸被“双规”了。

那时，小黑和孙岚已是半同居的状态，他手下一帮小弟，做香烟生意，还收取一片区域的保护费。孙岚是那群小混混嘴里的“凤姐”，其实她出去跳舞的艺名是“晓风”，“风”取自山风的风，谐音误传为“凤”。再加上小黑与最亲密的伙伴一共九人，每个人的右胳膊上都文有一条黑龙，人称“九龙”，所以孙岚便默认了“风姐”变为“凤姐”，顺理成章地与他们合称“九龙一凤”。

当时，孙岚的父母一直在忙活让她去当文艺兵的事儿，根本没意识到女儿在外面做些什么。让他们意识到情况不对的，是一个假日。那天小黑的吉普车停在孙岚家楼下，他戴着墨镜，坐在车头抽烟，等孙岚下楼。孙爸爸和孙妈妈见小黑不是善类，便百般阻拦孙岚下楼。阻拦的力度很大，对面楼的人都打开窗户，将目光和耳力精准投放向孙家。

这场阻拦在孙爸爸的一声怒吼中结束：“你要是跟他走，就再也别回来！”然而，处在叛逆期的孙岚还是走了，关门声惊天动地。

小黑在车头对着拎起裙子下楼的她，把两只手指塞进嘴里，吹了一个响亮的口哨，对面楼的窗边，人头一片攒动。

我是那年的五月遇见孙岚的，案发在八月。

报上只陈述了时间、地点、人物、事件及宣判结果，具体事实还是要由当事人说。

孙岚低着头，熟练地将筷子张开四十五度再合拢，在红汤里准确地捞起一片厚墩墩、褐色的鸭血，搁在小碟上，晾一晾。然后她抬起头，蹙起眉——

械斗不是一次，是两次。孙岚当时在西土路的贝贝酒吧做领舞，舞曲常常是——“如果感到快乐，你就拍拍手，啪啪！如果感到快乐，你就跺跺脚，咚咚！”

第一天，一位酒醉的客人，见孙岚美貌，意图轻薄，被小黑的手下教训了。

第三天，这位也不是善茬儿的客人带领一帮人回来报仇，被孙岚拿一杯滚水泼了面。小黑和另外“八龙”很快赶来，将酒吧的灯击碎，在一片黑暗和混乱中，他们把为首的那个人套上麻袋拖到了不远的护城河旁，一阵闷棍敲打后，等他们解开麻袋，那人已经没了气息。

当时正值公安部门展开特殊行动的时期，小黑被就地正法，其他几位，判死缓的判死缓，判无期的判无期。孙岚虽然无辜，但小黑的许多黑账，她不说参与，起码都知情，她被判刑六年，之后减刑至四年。说实在的，在那个时段，这刑罚真的已经算很轻、很侥幸了。

这时红脸的“麻秆男服务生”给我们换了小碟，加了茶水，又帮忙捞水煮鱼、毛血旺里的辣椒，忙得殷勤，忙得不亦乐乎。他断断续续地听见一桩血案，忍不住偷眼瞟着孙岚夺目的脸，渐渐表情肃穆，蹑手蹑脚，小心谨慎。

“我到现在都记得那个死掉的人左眼旁边有一颗凸起的痣，痣上长着粗黑的毛。”

孙岚点起一支女士烟，深深吸了一口，闲闲喷出一个烟圈。她狭长的上下眼线快要合在一起了，蓝色的眼睛在眼线的缝里露出沧桑和迷惘的目光。

五、

我去上了个洗手间，回来后，发现孙岚还对着红汤锅眯着眼发呆。

我换了个轻松的话题，一边剥小龙虾的壳，一边回顾起了我们共同的少年时代。

潞城现在年年夏天举办龙虾节，和啤酒节的时间相近，甚至重合。每每这时，电视台会直播大胃王们挑战极限，吃得最多、喝得最多的那位可以免单，所以年年都有人因此住院。

“对了，去年我看见‘木子石见龙虾会’也在赞助商之列。”孙岚笑起来，是她主动提起的李砚。

“你还记得我们小时候吗？你去潞山脚下写生，李砚拎着野餐篮子，带着鱼竿陪你一起去。后来‘写生’的队伍越来越壮大，半个班都跟着去钓龙虾……”我拿起一只小龙虾，扭断虾头，扯掉虾腿，去了壳，露出红白相间的肉，再用嘴一吸。

手上的烟灰已经占了烟的半截，孙岚弹一弹，下意识地往手边望。“麻秆服务生”赶紧递来一个烟灰缸，她的红唇老练地弯了一弯，表示感谢。服务生刚肃穆了一会儿的脸又红了，满眼写着目眩神迷。

“我在青湖农场那几年，我爸妈一次都没去看过我。”她把烟头掐断在透明的烟灰缸内，又狠狠揉了几下。

这事儿，我有印象。

孙爸爸把门沉重地关在孙岚身后的那一刻，已决心不再认这个女儿。他千娇百媚的女儿，娇生惯养的女儿，送去学芭蕾、学钢琴、学画画的女儿，不是送给公子哥儿、小混混当情妇的！

“九龙一凤”被镇压的新闻登上了《潞城晚报》，械斗上了一次，宣判又上了一次，成为青少年教育的典型反面教材，一时间无人不知——尤其在熟人间，尤其在我们父辈工作的工厂。

孙爸爸、孙妈妈在单位作为核心部门的工作人员，一直受人尊重。甚至，他们的生活一直受人羡慕——上一代是苏联专家、前芭蕾舞演员，下一代长着明星似的面孔，从小学起就是学校的风云人物……

孙家何曾受过这种明里暗里的鄙薄！

登着宣判结果的报纸贴在厂里的阅报栏里，被许多人仰着头围观，有几位年迈的、退休的员工，或拿着老花镜近距离仔细看，或让旁边岁数小的逐字念给他听。

这张报纸引发了两件事——

第一件，孙爸爸忍无可忍，拎着一面锣，在某个下午，绕厂区一周，一路喊着“为民除害”“恶有恶报”，一路走着，敲着。当他身后的人越来越多，他在工厂中心的广场停住，人们围着他，他把锣一扔，宣布和“不孝之女”脱离父女关系，从此以后，他没有这个女儿。然后，他蹲下来，双手蒙住脸，眼泪从手指缝中飞了出去。

此时的孙爸爸，年纪还不到五十，一夜之间两鬓竟白了。

那天是个节日，大学放假，我刚下了回潞城的火车，拖着行李箱，从家属区的东门往位于西门的家走，走到广场，看那里围了许多人，也挤进去看热闹。

“前情提要”是我身边的小伙伴告诉我的，我身后还有人在挤，我回头，见是初中的班主任老师。他食指抵在嘴唇中央，示意我们噤声，但他拦不住其他人的议论。老师继续往前挤，冲向最前方，冲向孙爸爸，先是蹲在他面前，然后搀他起来，扶他回家。“让让，让让！”老师一边喊着，一边往前走，众人自动分裂成了两列，目送他们离开。

那面锣躺在广场中央，孤零零。

残阳如血，人们散去，我拖着行李箱的手逐渐沉重。

第二件事，和李砚有关。

厂区阅报栏的玻璃窗被砸了，那张有关孙岚的报纸消失不见了。监控录像里，砸窗的是个小胖子的身影。路灯下，他拿拳头砸玻璃窗，未果，过一会儿再来，手上多了一块砖。厂里的保安用排除法，再地毯式搜索，锁定了李砚为嫌疑人。本来大家都是熟人，也就警告一下，赔偿一扇窗就能了事，但保安态度不客气，口气轻佻地问李砚，这么维护孙岚，是不是因为也和她睡过？

前一天没砸破阅报栏的拳头，这时砸向了大鼻子保安的脸，保安顿时鲜血横流，李砚拳头的关节处都是他的血。为此，他在五星级酒店三个月的实习工资全部奉献出去做了医药费、误工赔偿费。

“这两件事，你今天说了，我才知道。”孙岚点上第六根烟，残羹冷炙都已撤下去，“麻秆服务生”再留恋孙岚的美貌，也不得不小心翼翼地过来提醒：“不好意思，四点了，我们的午餐时间结束了，要关门休息、业务培训，准备晚上五点半的营业。您二位……”他顺着门边往外望，希望我们顺着他的目光起身离开。孙岚又狠狠地摁灭烟头，揉一揉，打开深褐色的包，拿出了一张卡道：“我包场。”

我当然阻止了孙岚不智的行为，见过包场咖啡厅、包场酒店，谁见过包场火锅店的？

“我们去你的工作室看看吧。”我提议，然后捋平身上衣服的褶皱，站起身。

孙岚抽了下鼻子，左手食指小心拭了拭两只眼睛的下睫毛，从包中拿出随身携带的气垫粉，抓起圆形粉扑对着小镜子在两只眼下、鼻翼、下巴分别按了按，再从金色方形管中拔出口红在嘴唇上擦一擦、抿一抿，习惯性地对着镜子嘬了下嘴，嘴角又往两侧一拉、往上扬，确定红唇三百六十度无死角后，眨眨眼，补妆结束。

她擦粉时，我才发现，她左脸腮边，有一道疤痕，极浅，一个指节长。我如果没有记错，这还是小时候李砚划下，并为之罚站、赔礼的。

“麻秆服务生”递过账单，让孙岚仔细核对，她不耐烦地看都没看，服务生又问她是手机付款还是现金，她拍了拍桌上刚才要用以“包场”的卡，让服务生自己划：“没有密码。”

六、

山风工作室不在一楼门店，而是开在临街一栋三层小楼的第二层。电梯在维修，我们沿楼梯往上行，几个工人在粉刷墙壁，到处是漂白粉的味道。

“这边。”孙岚指引着。

我们在回形走廊上绕圈，前后左右的办公室玻璃窗都是全透明的，玻璃窗里，会议桌前，男人女人们穿着入时，正围坐在一起，神色严肃地讨论问题。

走到走廊尽头的倒数第二间，孙岚举起包，用包的背部贴了一下门禁处，叮一声，她推开门，引我进去。

前台小姐看见她，马上笑靥如花，恭敬地喊了一声："岚总。"

孙岚点点头，一进工作室，她脸上便有一种威严的神色。

山风工作室的牌子挂在前台小姐身后的屏风上，墙上挂着孙岚穿着该品牌服饰的巨幅照片。

工作室内部是复式结构，一楼是展示空间，十来个塑胶人体模特套着最新款式的主打产品，摆出各种造型。两旁长长的挂衣架从房间这头伸到那头，一件件云裳按颜色在架子上分类排队，等待有缘人检阅。几面椭圆形的镜子前，几位贵妇打扮的顾客刚换上新衣，正摇曳生姿地左顾右盼，店员穿着素净，在一旁小心伺候。

孙岚带我上楼，小声说，山风这个品牌原来就有，她现在的先生看到品牌名和她的名字巧合，便对其投资、控股，然后送给她作为某一年重大纪念日的礼物。公司的老员工都留了下来，因为实行的是会员制，老客户也留了下来，因为没什么盈利压力，她做得还算轻松。

我在设计感十足的黑色皮沙发上坐下来，孙岚递给我一杯热茶。我揭开白色骨瓷杯子的杯盖，龙井茶碧绿的叶子细细密密地浮了一层。我吹一吹，抿一口，继续我们在饭店的话题。

说到哪儿了？

对，孙岚去了青湖农场，她父母一次都没有去看过她。

“去看我的，只有李砚。”孙岚把杯子轻轻搁在茶几上，碰撞声像一声叹息。

孙岚随小黑绝尘而去时，李砚正被学校安排在广州白云宾馆实习。回潞城后，他不顾父母的反对，去西土路的酒吧找过孙岚。他劝孙岚回家，被“九龙”中的七个人逼到墙角，用匕首的刀背贴着脸威胁过，还是孙岚替他解的围。“我告诉他们，李砚是我的邻居哥哥。”

“我见过李砚干类似的事，”我补充，“不过，是他拿着刀威胁别人。”

“噢？”孙岚瞪大蓝眼睛，没想到她永远像 Kitty 猫一样又憨又萌的邻居哥哥，竟还有“老虎发威”的一刻。

“你去农场后，每逢厂里有人议论你，李砚就会冲上前去，要和人家拼命。”我说。

拿刀那次，李砚当时已经开了大排档。

职高毕业后，他在潞城皇冠假日酒店的旋转餐厅工作，负责巴西烤肉的区域，我还去吃过。一年后，他辞了职，靠家人资助，盘下了大学城旁的一家半室内半室外的串吧，做学生的生意，利薄但量大。他的店面很快扩张，一部“草根奋斗史”就此展开。

李砚的手艺不错，爱说笑，长了一团和气的脸，在哪里开店都有人捧场。只一次，熟人们围坐一桌，举杯撸串，八卦气氛浓厚。“九龙一凤”的事儿才发生，“一凤”又曾是这一伙人心中高不可攀的“女神”，如今“女神”倒了台，男人们的荤话夹杂着性幻想都开始往她身上招呼，全然忘了老板是孙岚的超级粉丝和守护神。

李砚怒气冲冲地让他们闭嘴，但喝了酒的人犯起浑来，一句赶一句，最后李砚冲进后厨，拿着菜刀逼到最没眼色的人脸上，那人顷刻酒醒了，众人也打着圆场，李砚才收回刀，骂了一句：“滚！”

之后，整晚，胖脸上的“富贵菊”都没绽开。

从那以后，大家就知道了，在李砚面前绝不能提孙岚，提也行，但绝不能说孙岚的坏话。

在孙岚接下来的叙述中，李砚四年里共探望了她四十三次，每次二十分钟。

青湖到潞城并不远，只需要乘一小时火车。但坐完火车，要换汽车，再花十块钱坐当地一种叫“三蹦子”的交通工具，颠簸半小时才能抵达青湖农场。

“安检好几重，尖锐的物品都不允许带进去，所以，李砚每次来，都要事先把自己手脚的指甲剪好。”孙岚又点上烟了，“他来看我，带的都是吃的。水果、奶粉装在箱子里，水果是不易坏的那些种类。他还总给我带些时令菜，春天是笋，夏天是藕夹肉，秋天是腊味煲仔饭，冬天是红烧羊肉，再加满满一盆卤味，满满一袋烘焙好的小点心。”

孙岚第一次接过沉甸甸的餐篮，眼眶发热，匪夷所思。她问李砚是怎么做到带来这些的，他解释，青湖有他一起实习过的朋友，每次探监，他都在朋友那儿住一夜，第二天起大早去买菜，再用朋友的厨房煎炒烹炸，像那些年做邻居时一样为孙岚做饭，有什么好吃的只想着她。

他们每次见，都隔着双层玻璃。

洗尽铅华的孙岚，穿着囚服，剪着最简单的发型，一次，她举着话筒，问李砚，自己是不是越来越难看了。

李砚笑，一张胖脸像发面馒头般讨喜，他说：“你看你现在这样，还像俺们刚从山里来潞城时，还像个小女孩。”

李砚第三十次去青湖前，孙岚的父母敲开了隔壁的门，托李砚给孙岚带去了衣服和信。那些信经过工作人员的检查，每封写的都是让她好好改造，重新做人。

李砚第四十三次去青湖，孙岚出狱。他开着他的小破车，接孙岚回家。

“第一顿饭，我们就在‘木子石见龙虾店’吃的。”孙岚弹弹烟灰，在皮沙发上将修长白皙的双腿上下交换了一下。

“木、子、石、见，”她一字一顿，像玩味，“这词，是我发明的。小时候，在山里，我们学写字，拿树枝在竹林的泥地上写自己的名字。我的名字拆开是山风，他的名字拆开是木子石见。”

我打断孙岚，问了一个我长久以来都没想明白的问题——

“你喜欢过李砚吗？”

我的预设答案当然是否定的，他们外貌上的不般配有目共睹，李砚纵使后来做小老板做得风生水起，家世、经济能力也远排不到孙岚可选择范围内的前三名。

除了这些，更重要的是，两人的气质完全不搭。李砚是家常的、可亲的、接地气的，孙岚则是醒目的、出众的、一定要不走寻常路的……

但一中午又一下午过去了，眼看天色近黄昏，晚霞已经如天使的两翼在落地窗前张开，孙岚的话题却一直和李砚有关，我不禁困惑了。

“也许是‘恩’吧，‘恩’也是爱的一种。”孙岚没有正面回答我。

“那为什么你后来要逃婚？”

孙岚在我那拨发小堆里，起码制造过三次高热度话题。第一次是她考上艺校；第二次是“九龙一凤”事件；第三次是在她和李砚的婚礼举行前，她独自消失，而请柬已经全部发出去了。

七、

江湖传闻还是三种说法——

其一，“木子石见”串吧也好，龙虾店也罢，都是小生意，孙岚瞧不上眼。

其二，李家二老反对这桩婚事，因为孙岚名声在外，却不是什么好名声。

其三，孙岚另有选择，她虽然答应嫁给李砚，但在婚礼之前，她又攀上高枝了。

传闻还是建立在打死都没人相信的孙岚会爱李砚并甘心过平凡生活的基础上。一个女人，如果又美又坏，她就应该是传奇。她不折腾出波澜壮阔的人生大戏，看客都想起哄、退票、扼腕叹息。

从青湖回到潞城半年的孙岚，找工作不断碰壁，虽可以重操旧业，但家人不允许。

父母嫌她丢脸，怕人对她指指戳戳，因此限制她出门。

那时，她也不过二十三岁，所以活泼的生命力必须绽放：“我不能从牢里又回到‘牢里’。”孙岚回忆着，流露出想想就后怕的表情。

这时，李砚向她求婚，她马上答应了。她一半是为了报恩，因为只有这一个人不嫌弃她，不放弃她，始终待她如初；一半是为了挣脱，只有离开家，有自己的小家，她才能自由。

如果说，他们真的有些不般配，因为她的案底，这种不般配现在也完全反了过来。孙爸爸孙妈妈没什么好说，他们曾为女儿打算的、未来各种的可能性，四年前就戛然而止了。他们认为，嫁给隔壁的胖小子，几乎是给女儿最好的安排。

而李爸爸李妈妈也没什么好说，因为在李砚四十三次去青湖探监的决心中，他们已经知道，阻拦是没有用的。何况，孙岚也是他们看着长大的，谁的青春期没犯过错呢？只不过，她犯的错特殊了点。

李家买房，孙家装修，两家一起挑了吉日，甚至共同回了趟山里，和那边的亲戚们吃了顿饭。

“婚礼前几天，我无意间听见李砚的姑姑和他妈聊天，聊的是我。李砚的姑姑说，委屈李砚了，他妈妈说，没办法啊，李砚喜欢她，从小就喜欢，不让他喜欢，他就急。那时候，我们不让他去青湖探监，他真能几天不回家，和我们冷战。早知道会这样，小时候就不让他们俩那么要好了。”

“我不知道为什么，当时就炸了。”落地窗前，孙岚留给我一个背影，对着窗外的晚霞，她形容当时的自己，“我本来就对结婚毫无兴趣，出狱后，在家里又和坐牢没什么区别。那么年轻就结婚，我觉得无异于再坐一回牢。我不想自己被嫌弃，更不想别人，包括他的亲人觉得他受委屈！何况……我不甘心我这辈子就那样了，我浪费了四年，憋闷了四年，想看看外面的世界。”

从前，李砚还知道去青湖看孙岚，去西土路的酒吧劝她回家，在教室外等她跳完舞或者下课，在野外钓着龙虾等她完成写生……

但在婚礼前，他只收到一条短信：“木子石见，谢谢你。我们不适合，婚礼取消吧，再见。”

皇冠假日酒店的新婚套房已经付了预付款，不能取消。

庆祝老板婚礼，全场 6.8 折的消息已经放出，不能取消。

婚庆公司从花店订的各种花，过时难销，不能取消。

亲朋好友，他要一一致电，尴尬地说明婚礼取消。

孙岚把脸埋在“蓝色妖姬”中，助理进来，将修剪过、喷了水的花插在水晶花瓶里，放在窗旁的桌上。

“我们的婚礼主题就是蓝色，那会儿潞城刚有‘蓝色妖姬’，从新娘捧花到现场礼宾台的花，都是这种蓝玫瑰。订花的人说，它的花语是纯粹的、不夹杂其他任何东西的爱。”孙岚说。

“可那留不住你。”我也走到窗边，下意识地摸了摸“蓝色妖姬”

们的花瓣，一滴露珠落在我指尖，像泪。

八、

斯混了一天，我头昏脑涨。因为还有工作，我没和孙岚一起吃晚饭，但她执意要送我，我答应了。

山风工作室和我家只隔不到两公里，开车堵，走路远，地铁挤，我们决定步行。

她打开办公室里一溜儿白色柜子中的一个，拎出一双坡跟的凉鞋，踢掉脚上那双红色的细高跟鞋，我们出发了。

秋风醉人。

在风中，我谈及了我的“那匹布”，从潞城到北京，我读书、上班的这些年，我的人生轨迹，从未绕出过人民大学方圆三公里。

孙岚提及她离开潞城后的“布”，先是去成都投奔之前西土路酒吧的老板，“九龙一凤”事件后，他转战四川，孙岚先是在他那里继续跳舞，后来，做了管理者。

成都、重庆、天津、北京。

在天津，孙岚改行做了服装生意；在北京，她遇到现在的老公——一个啤酒代理商，大她十五岁。

有了“山风工作室”后，孙岚刚开始是从服装店里优选产品零售，现在是优选设计师，做品牌、做服务。

“我们是一路人，是各有过去的江湖儿女。”她说。

现在，他们有一个四岁的女儿，孙爸爸孙妈妈跟着她过，还有她先生前妻的孩子，也是女儿，但很大了，在大望路那边读大学，一周回家一次。

“我很知足。”她说起自己的六口之家。

不知不觉，我们走到了当代商城的门口，很多人围在一起，似乎有活动在进行。

促销小姐们面容姣好，身材火辣，穿着小背心、小短裙，一个个插着天使的翅膀，头上戴着发箍，发箍上用极暗的铁丝支起一个圆圈，圆上围着一圈羽毛，象征天使的光环。

她们也来到我们面前。

我接过传单一看，呵，是个舞蹈学校的招生启事。

我忽然想起一件旧事。

上一次同学聚会，在木子石见龙虾店，有人提起过孙岚。

提起她当年在学校毕业演出上的舞蹈，她演天使。

她在舞台中央转圈，白色翅膀上的金粉洒了一地，她微蓝的眼睛顺着柔若无骨的手转移目光，纯情、明艳、不可方物。

时过境迁，李砚已不介意人们提起孙岚，当然必须是说她的好话。

有点醉意的他招呼大家吃吃喝喝，他请客。

听完天使啊，跳舞啊，孙岚啊，他在我耳边喃喃道："其实，不管后来发生了什么，哪怕孙岚在青湖的那几年，哪怕人们都说她不好，她在我心里，也是和我一起从山里转学到潞城的小妹妹。进新教室前，她还有点怯，让我先自我介绍，我说，别怕，有哥呢。在我心里，她永远是那个等我保护的小姑娘；在舞台上，有我做大树，她可以放心做小天使。"

"在他心里，你永远像天使。"不知为什么，我想安慰孙岚。

"他跟我说过。"孙岚的手里也抓着传单。

"你们还见过面？"我惊讶了，脑补了很多画面。

"是的，厂里那片地拆迁，我回去处理房子的事。"

"对了，你现在在潞城还有家吗？"我想起拆迁，当时捶胸顿足，恨自己早早搬走了，好事儿竟然没赶上。

"有，在潞城湾小区，我拿到拆迁款之后，又买了房。"

"为什么买在那里？"我随口问。

孙岚沉默了一会儿才道："李砚家在那里买了房子，我和他对门。"

噢，那个邻居小哥哥，做爱人的缘分不足，但最后成为了她安全感的所在。

"我一直在想一个问题，在爱情中，谁是天使？是那个被追求的，被爱的？还是那个无论你是好是坏，始终爱你、守护你的？我觉得是后者，值得珍惜和感激。”孙岚把话题扯回来，她的蓝眼睛对着晚霞余晖。

眼前的云，不知是不是刚才在她办公室窗前看见的那朵。

像蝴蝶的翅膀，像天使的双翼，红得像炭，但渐渐发乌、变形、走远，逐渐融化，如浮雕消失于墙壁。

我们沉默得太久，天黑了。

他给了我他能给的一切，他不能给的，我自己成全。

我只想记住那些快乐，
也希望他只记得那些快乐。

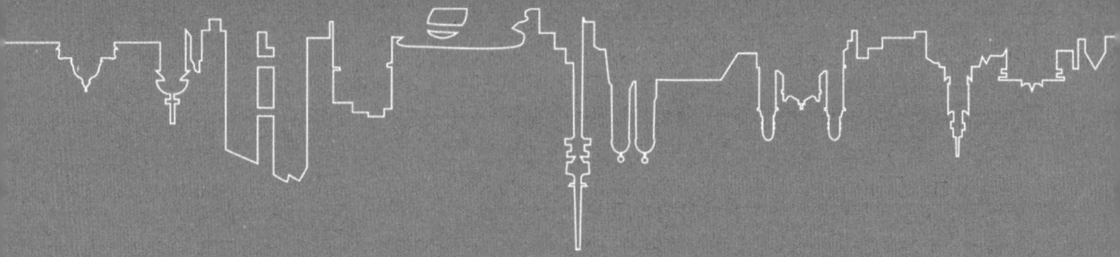

仅记住所有快乐

仅记住所有快乐

一、

熊倩在学校东门的天桥被拦下，她有一瞬的惊讶，一瞬的害怕，还有一瞬，是羞涩的美滋滋。

路过这里的不只她一个人，同行的起码还有七八个姑娘，都是她的同学。

她们一群二十出头的女孩子花压压地并排走来，气势逼人，香气也扑人。

可是，在天桥上、骄阳下，正立着写生板作画的小哥哥，只拦下了熊倩一个人。

确切地说，小哥哥在桥的西头注意到花压压的姑娘们甩着小脑袋叽叽喳喳地走来时，他的目光就只被熊倩吸引。

他拿着画笔，停顿了有一分钟之久。而在这一分钟里，姑娘们已经从桥的东头走到了他面前。他喊出了一声：“嗨！”

他是冲着熊倩喊的，但指向不明确，遂只好眼睁睁地看着熊倩和伙伴们飘曳而去。

他从背后盯着熊倩，又喊了几声，但还是没得到回应。

于是他干脆扔下画板，三步并作两步地追了上去。他的手里还握着画笔，用另一只手拍了拍熊倩的肩，熊倩猛然回头，长辫子像根鞭子一样抽在了小哥哥的脸上。小哥哥下意识地缩回手摸了摸自己的腮，嘴却没停："你好！我可以和你谈一下吗？"

一直到深夜，姑娘们还在洗漱间的水声中戏谑地摸着各自的腮模仿那位小哥哥的样子——"你好！我可以和你谈一下吗？"

"不对，应该是'你好，我有个恋爱，可以和你谈一下吗？'"

——已经出现延伸版。

熊倩拿着洗漱用品回到房间时，小脸儿红扑扑的。

所谓复古即新鲜，马路求爱这种事据说流行在20世纪80年代，没想到，三十年后，她竟然遇到了。

下午，天桥上的小哥哥只是拦下了熊倩，并没有纠缠她。

当时花压压的姑娘们团团围住他，问他想干什么。他解释说，想找熊倩做模特，想让她就像刚才那样，从桥的东头顾盼神飞地走过来……

他进一步表示："你的小腿线条是我见过最完美的。"

然后停顿一下，他又强调了一遍："最完美的！"

她们看他不像坏人——因为坏人不会长得这么好看，坏人不会有孩童一样清澈而充满渴望的大眼睛。

还有，天太热了，姑娘们对防晒霜的防晒性也不完全信任，她们催促着熊倩答应或拒绝。

小哥哥被拥在花团锦簇的姑娘们中间，他自我介绍说，他叫王峰，最近每天都来这里写生，他要画一组天桥主题的画，觉得熊倩就是他梦想中的女主角。他连画的名字都想好了，就叫《女郎》……

“你考虑一下？我的电话号码是……你的号码是？这样吧，我给你打过去。”

王峰从牛仔裤的口袋里摸出手机，要拨熊倩的电话，可熊倩还有点发蒙，她瞪着大眼睛，纹丝不动。

于是，他又把手机塞回了口袋，然后抓起熊倩的手，拿颜料未干的笔在熊倩掌心写下了一串数字。整个过程他毫不见外，堪称一气呵成，只不过，“气”是孩子气的“气”。

平心而论，熊倩的姿色顶多算中上等。

花朵儿一般的姑娘们之中，露露比她胸大，陈丽比她个子高，孙敏敏比她腰细，刘雪雪更是天生一副娇媚相……

天桥上发生的追堵，他对于她“完美”的评价，其实极大满足了她隐秘的虚荣心。

她有种闷闷的好强。

第二天一早，熊倩就跟团出发了。

她不是去旅游，是去参加一个公益项目。在团队里，熊倩具体要做的是分发救济物品，组织志愿者有序上岗，对口支援，还要追踪上一批被救助者现在的境况。

这也是一个月后，熊倩要正式入职的工作。

她学的是国际关系专业，托福满分120分，她的成绩是118分。

本科毕业后，她曾去山区支教过一年，因此得到了保研的资格。在校期间，她还是青年志愿者协会的骨干，她的简历简直就是为某国际公益组织准备的。

在别人热热闹闹地求职、面试时，熊倩已早早做出了自己的选择并已奔跑在目标明确的路上。

她此行的目的地是甘肃天水。

去年夏天与前年夏天，熊倩都在那儿。

去天水没有直达的飞机，要从西安转机。候机时，大家闲聊，同行的一个姓张的老师滔滔不绝地从文艺复兴谈到黄金比例，吸引了众人的注意力。为了深入浅出，让外行也能听懂，学美术出身的张老师频频举例，最后把焦点落在了熊倩身上：“大家看，小熊的小腿线条就是黄金比例，堪称完美。”

熊倩受宠若惊，然后，大方地道了谢。

张老师明显对熊倩有好感，又追问了一句：“怎么，以前没人说过你的小腿很美吗？”

“有的，有的。”熊倩迭声应着。

剩下的时间，她的手指绕啊绕，玩起了自己长辫子的发梢，也回味起了几十个小时前，天桥上那个大胆直接的高个子男孩。等她的手指从辫梢中抽出，她摊开手心一看，油彩早已经被洗得无影无踪了。

二、

二十一天后，熊倩自天水回京，一路风尘仆仆。她的小脸儿晒得黢黑，颧骨处多了两块高原红，擦了粉也挡不住。不过，她参加派对倒被人夸——“新款腮红不错噢！”

她啼笑皆非，举起小拳头砸向夸她的人。

今天生日派对的主角，是她读本科时的密友武艳。

武艳穿着白色露肩小礼服，粉嫩的脖颈上戴着一串珍珠项链。

武艳的男朋友卢奇是她的同事，整晚包下酒吧，专门招待“亲爱的的亲爱的”——他刚在台上这样说过。

侍者端上颜色缤纷的酒，七彩的球形灯在头顶转着，袅袅情歌一曲接一曲在耳边浅吟低唱。

顶着两块高原红的熊倩不知不觉间已喝了三杯，有点微醺，一时不知今夕何夕地想道：我这是在黄土高坡做梦呢？还是真的在三里屯的酒吧？

她本以为不会和他再见，没想到一切皆有缘法。

情歌停了，音乐变成了纯舞曲，很适合跳探戈。

今晚的乐队，是武艳他们自带的。其中一位正在吹萨克斯的乐手，长发飘飘，个子高高，穿着丝质黑衬衫，熊倩远远看去，觉得有些眼熟。

“那个吹萨克斯风的，看见没？是我老公的哥们儿，叫王峰。”武艳端着一杯酒，靠近了熊倩说道。

“他上过什么综艺节目吗？我怎么觉得在哪里见过他？”熊倩眯着眼，因为眼线画得长又远，眼神也越发显得迷离。她看四周都飘忽，四周看她正微醺。

“综艺节目？你喝多了吧？”武艳继续评点道：“我们公司年会也请了他们乐队，哎呀呀，只用了一个晚上，他就迷倒了妹子无数！一个个都追着我要他的联系方式……你要不要考虑一下他？”

“亲爱的，我们去跳舞吧。”武艳的话还没说完，保媒拉纤的活儿也还没开始干，她就被卢奇劫走了。

“我们也去跳舞吧！”另一位男士凑过来，冲熊倩绅士地一弯腰。熊倩礼貌地把手递给了他，抓起红色的摆裙跟着他滑向舞池。悠扬乐曲中，双双对对的男男女女划着一个又一个圆，荷尔蒙飞溅。

“是你！”

探戈的乐曲刚停，萨克斯手就走下了台，而且是目不斜视地大步走向了熊倩。

“你是？”熊倩仰起头，眯着眼，想——这萨克斯手的个子高得恰恰好啊，和他说话，有治疗颈椎的功效。

“我是王峰，在天桥上，我们见过。”王峰着急地提醒着她，熊倩刚才的舞伴被晾在一边，有些不高兴了。

卢奇顾全大局地把他招呼走，于是只剩下王峰和熊倩单独面对面。

“没想到会在这儿遇见你。”王峰搓搓手，萨克斯被他摆到了一边，目光中流露出惊喜。

“我也没想到还会遇见你。”熊倩有点酒醒了。

她环顾左右，目光搜索着紧急出口，提防王峰是变态，是上天入地找到她，专门埋伏在这里等她出现的。

“别紧张。”王峰笑起来，一口白牙在七彩灯下白得晃眼，“你是武艳的朋友吧？我是卢奇的哥们儿。”

有熟人作保，熊倩对他的信任感突增。她放松下来，又好奇起来：“话说，你是怎么认出我的？”

“是，你现在的样子和上次不太一样。”王峰端详着今晚盛装打扮的熊倩道：“唔，你的头发盘起来了，裙子也比上次好看。皮肤没之前好，擦了粉，我也看得出来。”

“好了，你就说你是怎么认出我来的！”熊倩小脸儿一绷，王峰完全没注意到，犹自喃喃。

“小腿。”王峰比画着，但他只敢比画在自己身上：“你有完美的小腿线条，你没发现吗？你一跳舞，腿这么一勾一放，我就知道是你了。然后我再仔细看脸，现在的你和没化妆的你还是有三分相像的。”

他露出了孩子般得意的笑。

“噗！”熊倩也笑，但她心里也喷着“噗”，感觉自己在喷火和喷血。

在外人看来，两人一见如故，又像彼此一见钟情——他们笑眯眯地相对着，笑眯眯地聊着。

如果不是压轴节目还等着王峰上场，这场派对的男女主角简直不忍心打扰他们。

但，他们最后还是忍心了。

卢奇走近王峰和熊倩，用指关节敲了敲王峰脖子上的大动脉道：“兄弟，该你上场了。”

王峰依依不舍地离开了熊倩，他站起身，拿起萨克斯风，优雅地往小舞台走去。临走，他还不忘叮嘱熊倩：“你再考虑一下要不要做我的模特吧？你别走哦，等我。”

“你们俩什么情况？进展这么快？”武艳瞪大眼睛对着熊倩惊奇道。

“别误会，他是在劝说我，给他当模特。”熊倩两肩一耸，两手一摊。

“人体的？”武艳捂住嘴。

“No！他让我去我们学校门口的天桥上，站在大太阳下，从西走到东！你说，那不是神经病吗？再说，我知道他是谁啊？”

“噢，他是谁，我倒可以说清楚。他是卢奇的发小，职业是插画师，也喜欢玩音乐。”

“嘘！”卢奇示意两位女士噤声，然后，他把武艳拉到了全场的正中央，光打在了他俩身上，影影绰绰的乐队成员成了他们的背景。

“我只能一再地，让你相信我，那曾经爱过你的人就是我。”

“远远地离开你，离开喧嚣的人群，我，请你做一个，流浪歌手的情人……”

王峰主唱。

这场派对的主戏来了。

歌声中，卢奇单腿跪下，捧出戒指，大声说：“武艳，我爱你！请你嫁给我！”

全场掌声雷动。

“我只能给你一间小小的阁楼，一扇朝北的窗，让你望见星斗。”

一首老歌，王峰唱得动人，他完全陶醉在了自己的世界里。

熊倩也醉了，醉的是歌词背景下，卢奇的发言。

——他还跪着。

“武艳，虽然我现在只买得起一居室，但我们的户型是靠北的，有一扇窗，能看见星斗。我发誓，我会好好努力，在不远的将来给你更好的生活！”

武艳两眼含泪，激动地戴上戒指，用行动暗示他“平身”，两人随即拥吻在一起。

七彩球形灯原来是有机关的，此时它忽然炸开，突突突地开始喷射彩带——都喷在准新郎与准新娘的身上。

众人欢呼着，还有人起劲儿地吹口哨。香槟开了，幸福的泡沫到处尽情挥洒。

这天晚上，王峰送熊倩离场。

因为车只能停在校门口，王峰便下了车，执意要把熊倩送到宿舍楼门口。可是，熊倩婉拒了。

“那好吧。”

王峰怕熊倩又当他是变态的马路求爱者，只得作罢。

两人在校门口告别，王峰指着头顶的天桥问道：“我们明天见？”

“再见！”

熊倩挥着手，红色的裙摆在璀璨的路灯下摇曳得像一波浪，白皙的小腿迈出去，每一步都白得晃眼。

三、

最后，熊倩为王峰做了一个月模特——在她入职的第一年内。

先是她毕业离校前连续的七天，她像傻子一样，每天在天桥上来回走上好几遍。

这七天里，王峰一直穿着黑T恤，T恤上是他手绘的彩色老鹰。

他像个神气活现的大导演，在天桥之东扯着大嗓门指挥着从天桥之西走过来的熊倩："对，踢出去，把小腿踢出去，踢成一条线！"

"噢！太直了，不行，你这动作像在阅兵！"

他们大概有30%的有效创作时间，剩下的70%，全部用来笑场。

第三天，熊倩干脆借来了对讲机和耳麦，她戴着听，王峰拿着说，两人逐渐配合默契。

七天里，碎花裙、小礼裙、鱼尾裙……

熊倩共计换了十四套衣服。

一条辫子，两条辫子，披散头发，盘起头发……

熊倩共计换了六七种造型。

画完天桥，王峰还有别的创作主题。

他带着欣赏的眼光打量熊倩，由衷地说："你就是我梦中的女主角，别辜负你完美的小腿线条。"

七天后，熊倩去了某国际公益组织报到。

她办好手续，又接受了培训，然后开始不仅时常要出差，要长时间坐班，周末还要经常加班。再加上逢年过节她还要回老家看看，最后变得只要有一点空余的时间，她就会被王峰抓住——以画之名，让他画，任他画，听他的赞美，慢慢地，也开始倾听他的烦恼和欢喜。

武艳每每问熊倩在干吗，十有八九，她都正和王峰待在一起。

而武艳每每问熊倩和王峰进展得怎么样了，熊倩总摇着头回答："你别瞎猜。"

等到武艳的孩子都快出生了，卢奇打算把现在的一室一厅租出去，再添点钱，在单位附近租个两室一厅的房子，准备让孩子的姥姥和奶奶轮着来伺候武艳。武艳挺着大肚子，在家里忙来忙去地准备搬家，熊倩和她在屋里搬空后，在仅剩的一张朝北窗下的小桌前，聊起了自己的秘密。

她吞吞吐吐，欲言又止，但总结起来，只有三个重要信息——

一、武艳搬走了，她想租下这间房子。她想问，可不可以先不交押金，租金月付。

二、她为什么要租房子呢？因为她有男朋友了，他们想住在一起。

三、她的男朋友就是王峰。

武艳乍闻此讯，确认胎气没动后，像鱼吐泡泡一样开始了一连串的提问，而熊倩像和她对着吐泡泡一样开始了有问必答。

"你们的关系是什么时候开始的？"

"上周。"

"你们为什么突然开始恋爱？"

"因为张老师陪我去听歌。"

“什么张老师？”

“去天水出差时，我认识了美术学院的一个姓张的老师，除了王峰，他也夸过我小腿完美。”

“你去听歌和开始恋爱有什么关系？”

这答案就长了……

原来，王峰在后海的一家酒吧驻唱，熊倩有时也会陪他去登台。

张老师自天水回来后，就没停止过对熊倩的各种撩拨，简直堪称展开了花式追求。上周他去熊倩的单位谈今年暑期支教的事情，谈完了正事，非要等熊倩下班，约熊倩吃饭。熊倩推辞不过，答应了。

偏偏张老师选的是后海的一家饭店，吃完饭，他提议一起散散步，两人沿着后海岸边缓步慢行，但见波光粼粼，歌舞升平。张老师想牵熊倩的小手，被熊倩挣脱了——她挣脱的方式是抬手捋了一下刘海，而后，做手搭凉棚的姿势道：“对了，我有个朋友，就在这附近唱歌，我们去看看他吧！”

就这样，熊倩带着张老师进了银锭桥旁的一家酒吧，王峰真的在唱，还同时弹着电吉他。

熊倩远远地和王峰打个招呼就坐下了，张老师因为王峰是熊倩的朋友，也向他热络地挥了挥手。但，王峰在台上唱着，熊倩在台下跟着轻轻摇摆着，张老师心犹未死，手又伸过来，想握住熊倩的手。熊倩躲闪，他又伸，又握，如此反复三回，最后，熊倩只好十指交缠着放在桌上——十指都是她自己的。

一曲终了，王峰把电吉他扔在一边，快步走下台，看都没看张老师一眼，拉着熊倩就上了台，然后他酷酷地向在场的歌迷介绍：“这是我女朋友倩倩，今天晚上，我们定情。大家的酒，我请了！”

然后，他的嘴唇不管不顾、一往无前地覆盖上来，熊倩目瞪口呆。但，身体是不会骗人的，她不仅没挣脱，还在一秒后就变成了主动迎合。

整晚，王峰没完没了地唱情歌，他对着熊倩唱，还拉着歌迷和他一起疯。

他的黑 T 恤上画着白骷髅，随着他的动作起伏，白骷髅的嘴角都像正凝着笑。后海的风啊，夜深时，更温柔，旖旎的气息更浓烈。恋人的嘴唇在风中，在“海”边，更觉甜蜜和柔软。

“那真是个难忘的夜晚。”熊倩回想起来，脸又红了，眼睛里直冒星星。

“嗯，后海的风，还没把你的酒吹醒。”武艳提醒熊倩赶紧回到现实。

熊倩的气息这才慢慢平稳了，刚才，她一直激动地回忆着王峰的胸膛顶着黑 T 恤上的彩色老鹰，看起来老鹰的翅膀都在颤——

王峰也给她画了一打 T 恤，她已经从里到外都被王峰盖上了章。

“那个张老师当时不是也在场吗？他后来如何了呢？”武艳忽

然想起来。

“当时那个情景，他也看得呆住了。”

“后来呢？”

“后来，他就走了。”

“我是说你和王峰后来到哪种关系了？”

“我们很好。他说，原来，你不止小腿线条美。”熊倩羞答答又美滋滋的。

“噢，那你就还是做了人体模特嘛。”武艳一副了然的样子。

“不过，你爱他吗？我怕你只是一时被冲昏了头脑。”

“当然爱。”熊倩确信无疑。

“那你爱他的什么呢？”

“爱他的才华，爱他的疯狂和孩子气，爱他笔下，我特别美的样子。”

四、

王峰和熊倩的同居生活乏善可陈，除了，甜蜜。

王峰从小到大走的都是艺术路线，他 12 岁就离家求学了，再回家时，父母都已各自重组家庭，家对他来说，已不再是家。

家庭，他既觉其稀罕，又觉其匮乏。此时，他由稀罕而生的新鲜感，由匮乏而生的饥饿感，在熊倩身上，都得到了满足，而同时熊倩又给了他充分的自由。

熊倩有种平地就能起炉灶的本事，这是她在做户外援助项目中练就的。

甭管在家里朝北的窗前，还是在出门自由行的途中，给她一个电磁炉和一组调料瓶，她就能做出一桌好菜。

一天，王峰和乐队成员们在长城脚下的野地练歌，熊倩竟然在野地端出了一碗又一碗的热馄饨，馅儿是荠菜和肉的，都是她亲手包的，直把王峰乐队里的兄弟们感动得想送熊倩一面锦旗，锦旗上书："当代芸娘"。

但大多数时候，熊倩没有时间如此贤惠地"洗手作羹汤"，她是流动的，忙碌的，总在路上——出差的路上，办公的路上，联系组织、联系个人、联系物流的路上。

而王峰是静态的，他也忙，但总是静静地待在某个地方——画画的地方，唱歌的地方，发呆的地方。

熊倩对武艳形容，王峰像一条大狗。

武艳夸张地捂住耳朵叫道："我不听，我不听，少儿不宜，不适合胎教！"

"喂，你想到哪里去了？"熊倩把武艳的双手从耳朵上扯下来，强迫她听，"我的意思是，你别看他人高马大，其实威猛而温顺。你不知道，每次我出差回来，从登机开始，直到上火车之后，他一刻不停地给我发消息。等我到家，他就坐在门口，还会蹲着给我解鞋带，换鞋……像等了多少天，主人终于回家的大狗——大黑狗。"

“换完鞋，他还摸你小腿吧？”孕期难挨，武艳又开了荤腔。

等武艳的儿子会爬了，她打着房东的旗号，来熊倩的“朝北居”溜达。朝北居，是武艳对这间一居室的称呼。

小屋逼仄，吉他们都被挂上了墙。

剩下的地方，除了生活用品，就都摆着画——画里都是熊倩。

熊倩踢着小腿，从天桥那头走来的样子。

熊倩在七彩球形灯下的样子。

熊倩支帐篷的样子。

熊倩在野花丛中，就地起炉灶的样子。

熊倩在教室里上课的样子。

熊倩在一片土坡上，教山里的孩子跳拉丁舞的样子。

还有，在窗下编辫子的熊倩；为王峰编辫子的熊倩；伏在王峰背上，把两人的辫子编在一起的熊倩。

伏在王峰背上的熊倩，真像卧在一条大黑狗的背上。这张画就立在一面鼓旁边，鼓是熊倩去非洲给王峰淘换回来的。

这面鼓，被王峰称为“小妈妈”——每一件乐器，王峰都给它们取了小名。

“他为什么叫那面鼓‘小妈妈’？”武艳的儿子摸着鼓，武艳摸着他问。

“王峰叫我也叫‘小妈妈’。”熊倩笑。

“Oh! My god!”武艳惊呼，“你们的尺度真大！角色扮演？扮乱伦？”

“你想到哪儿去了！当着孩子，你可真是的……”熊倩嗔怪道。

从某种角度来说，熊倩也确实像王峰的妈。从前，王峰会去演出，也给出版社画插图，画廊里还有油画在寄卖，他没缺过钱，但也没攒下钱。他一高兴，一晚上演出的费用就可能全用来请捧场的兄弟姐妹们喝酒，所以工作四五年了，他还是两袖清风。

有了熊倩后，王峰的经纪人是她，秘书是她，模特是她，保姆也是她。

熊倩把王峰随手丢的合同一份份找出来，整理好，按时间顺序和类别装进了透明档案袋，占满了书架的一格。

她再将交稿时间、结款时间、续约时间，款项、内容、账号，一笔一笔列得清清楚楚，标在了 A4 纸上。一张纸不够用，她就多用几张，按照一二三四五的顺序，她把这些表格并排贴在了朝北的窗下。

王峰用画挡着表格，画里正是跳拉丁舞的熊倩。

武艳拿起画来欣赏，瞥见画后的 A4 纸表格，忍俊不禁。

“日子过得清清爽爽不好吗？”熊倩困惑地道，“王峰就是不愿管这些。在我整理之前，他所有的账都是糊涂账、良心账。他从不记得结算酬劳，只等着对方主动地给、自觉地给。”

“现在，他能主动去要、自觉去要？”武艳惊讶。

“那倒不是。是我主动又自觉地以他的名义给对方发提醒邮件。”熊倩的目光中闪烁着小聪明，“这样既保全了他的尊严，也保全了他的利益。”

“王峰确实得喊你小妈妈。”武艳由衷地说。

她们的话题又扯回了手里的画。

武艳一向对熊倩的职业有着莫名的好奇。她指着画中的黑人小伙儿，问熊倩，这是来自非洲的同事吗？又问他们每次都去哪儿，待多久，王峰跟着去了几回？等她休完产假，也跟去一趟行不行，费用可以自理。

熊倩回答说：“你开什么玩笑？我们是正规的公益组织，定期要审计，裙带关系是坚决要杜绝的。王峰一次也没跟我去过，这些都是他根据我描述的场景，凭想象画的。”

原来，大黑狗一样等主人回家的王峰，在熊倩不在家的日子里，根据有限的电话和视频，一直在想象女朋友今天都干了些什么。他思念她，就画画，画，就是思念本身。

“你们的日子真甜啊！”武艳艳羡。

“唉，就算是能跟我一起去参加活动，他也不会去的。”没想到，蜜罐里的熊倩也有悻悻处。

“为什么？”孩子吐了一口奶，武艳赶紧处理，熊倩比她还紧张，先拿纸巾，又拿抹布蘸水，跪下来把地板擦得锃亮。

“王峰有洁癖。”怕武艳生气，她忙不迭地解释。

然后，她回答了上一个问题：“王峰有一点点社交恐惧，他很难和陌生人交往，很难和他不喜欢的人发生联系。这么多年，他的朋友也就那么几个。他是天生的艺术家。”

武艳边拍着儿子的背，边回忆：“对了！早前，我请王峰的乐队去公司的年会上表演，那么多‘迷妹’追着他们，别人都很享受，唯独他，一副不堪其扰的样子，演出完就很酷地走了，原来如此。”

五、

王峰第一次和熊倩产生剧烈矛盾，是在熊倩的爷爷病危时。

当时，熊倩在国外，熊倩的父母疏于网络应用，他们把电话打到了王峰的手机上，希望他能联系到熊倩，让她赶紧回老家。

王峰的家庭观念淡薄，或者说，他认为他的家只包括他和熊倩两个人。

其他人？连他自己的父母都是外人，何况熊倩的父母！

接电话时，他礼貌地说：“好，知道了。”

挂了电话，他拿起画笔，忘了一切。

熊倩晚上照常和王峰在视频中腻腻歪歪，可王峰对白天准丈人和准丈母娘千叮咛又万嘱咐的事儿竟只字未提。

他肯定不是故意的，但错误已经造成——

他只顾着向女朋友展示他的新画，画中，熊倩披着头巾，头发比头巾还长，做异族打扮，只有两只眼睛看得出来是熊倩的，正机警地看着前方。

等熊倩得到消息后紧急回国时，是单位的同事联系到她并告知她家中境况的。至于同事会知道这个消息，自然是熊倩的爸妈最后放弃了王峰这条线，又通过熊倩的同学和朋友找到她的。

这时，熊倩的几个堂弟堂妹也分别联系到了她。

熊倩的妈妈大骂了王峰的不靠谱，这些话，在上一通对王峰的质问电话中，她已经说过好几遍。平心而论，王峰也达到了他忍耐的极限——他听了好几遍骂，才掐断丈母娘的怒斥。而这对于熊倩的妈妈来说，无异于火上浇油，对于熊家来说，更是雪上加霜。

熊倩一路马不停蹄地往家飞奔，尽管机票贵得让人心碎，她还是风尘仆仆地飞机转飞机，火车转火车，汽车再转汽车……

她到家时，爷爷刚咽气一小时。

哭声震天。

熊家是大家族，熊倩的爸爸是长子，他在悲痛之余，又十分劳累，又被准女婿带累得在人前跌了面子，所以，看见熊倩的身影出现在门口时，他就腿一软，血一涌，倒了下去。

家里更乱了。人们簇拥上前，掐人中，按虎口，然后抬着熊倩的爸爸把他送到了医院。等他做完检查，医生宣布他无大碍时，全家才松了一口气——险些赶上第二件丧事啊。

虽然全家松了一口气，但长孙女没赶上看老爷子最后一眼，这全家的遗憾，却怎么也弥补不了了。

就差一小时。

如果王峰早告诉她一天，哪怕一小时……

别说熊倩的爸妈了，连熊倩自己也对王峰怨恨不已。

葬礼上，熊倩要跟着熊家众人迎来送往。

医院里，熊倩要与医生、护士探讨父亲的病情。

还有，作为长孙女，熊倩要连续七天一直守灵。

穿着一身孝服的熊倩哭得人都木了，额头已磕得发红，膝盖也跪得发青。

葬礼结束后，熊倩的爸爸把熊倩叫到了自己面前道："你每天在外面搞救济，搞慈善，知道什么叫'老吾老以及人之老'和'穷则独善其身'吗？自己家的老人都照顾不好，自己的事儿都做不好，你何谈'兼济天下'和'以及人之老'？"

退休前是语文老师的熊倩爸爸数落着熊倩，而熊倩垂着泪，默不作声。

她跪在爷爷的遗像前，当着父母的面，发誓要和王峰分手。熊倩的妈妈直接把电话开了免提，让她现在就跟王峰说分手的事。

熊倩的辫梢别着一朵小白花，王峰如果看到，一定又会被勾起创作欲。但此刻，话筒里，只传来了王峰焦灼的声音："倩倩，你在哪？发信息不回，打电话不接，你是要我发疯吗？"

这整整七天，他们都没有联系过。

"我们分手吧。"熊倩沙哑着喉咙说道。

"你说什么？"王峰觉得莫名其妙。

"我们分手吧。我爷爷去世了，我妈说她之前给你打过电话，让你通知我，可你根本没有跟我说过有关这件事的一个字。你知道吗，我走进家门时，爷爷刚咽气！如果不是你……"

熊倩哇的一声哭了出来，她的手机被妈妈收走，她妈妈还替她对王峰说："你们就到此为止了，我们家找不起你这样的姑爷。"

如果故事停留在这一刻，就不会有后来的唏嘘。

熊家位于江南小城，祖宅有七重院落，五十年前充公，三十年前发回。熊家的几十口人，分为七八家，各自为政，倒也和睦。

熊家的窗是雕花的，开半扇窗子，迎着满院的桂树，水殿风来暗香满。

后半夜，忽然下起了雨。

雨落在天井中满是青苔的石板上，发出滴滴答答的声音。

熊倩的手机被妈妈没收了。

她趴在窗口，用指肚一遍遍地摸雕花窗上的花，听雨，想爷爷，想小时候爷爷给堂弟做的那把木头枪，给她做的那只木蜻蜓。爷爷还告诉过她，下雨了，蜻蜓就会飞得低……

她还想另一扇窗，想她和王峰的过去。

一夜无眠。

六、

丧假休完，熊倩回了北京。她特意挑了一个王峰不在家的时间，去“朝北居”收拾自己的东西。

然而，所有的画都不见了。

那些画，无论是在天桥踢小腿，还是她置身野花丛，或者她在支帐篷，或者她伏在一条“大狗”身上编辫子，全都不见了。

只有桌上的电脑前有一张铅笔素描，画中人披着头巾，露着一双熊倩的眼睛。

熊倩拿起画来看，心中一动：“王峰提前收拾东西走了吗？”

可是，她看卫生间里，他的牙刷还在，打开衣柜，又看到他的T恤、牛仔裤都在，关键是，他的吉他还在墙上，鼓也在墙边，他能去哪儿？

牙刷、T恤、牛仔裤——熊倩一样一样地收拾着自己的东西。

这时，钥匙扭动了锁眼，门开了，是王峰回来了。

从他的角度看，熊倩的背影一颤，但她的手没停，还在继续收拾。

王峰沉默地挨近她，从后面抱住她，然后整个人都伏在她背上，像一条疲惫的大狗。

伏了一会儿，他在熊倩耳朵边道：“倩倩，我错了，原谅我。”

可是，他的倩倩却无动于衷。

如果是从前，她早就会有回应了——无论是用身体，还是用语言。

王峰把他知道的道歉的话，都说尽了。

黑狗的鬃毛垂下，裹着他的女神，他的小妈妈。

熊倩不是不想原谅他，因为没有人比她更了解王峰了，她不应该用常人的行事标准来要求王峰。说白了，王峰的性格是有一点小缺陷的——这缺陷不影响谈恋爱和过日子，但仅限于两个人过日子。这缺陷和他的魅力相比，和他的才华与深情相比，和他那种又酷又可爱的率真相比，基本可以忽略。

但是，除了恋爱，生活还有别的内容。

她想让王峰接受更多人间烟火式的生活，更用心地处理人际关系——难！她想让那些平凡而世俗的亲朋好友们接受王峰——更难！

从前，也发生过类似的事儿。

工作中，一言不合，王峰就会撂挑子不干。他不干了，也不会和谁打招呼，而是直接就玩消失。若是恰好工作中与人“一言太合”了，他又会直接分文不取。

熊倩曾按结算时间发邮件询问稿酬，而对方的回复是网上聊天记录的截图——“峰哥，你不是说，这次的画就当热血酬知己了吗？”

非工作的场合，王峰的任性就更不用提了。

聚会上，对于他看不上的人，王峰直接给人家脸色瞧。

一次，朋友们一起出去 BBQ，王峰负责烤肉。他刚拿起一串“蜜汁烤翅”笑眯眯地递给熊倩，一位陌生的、朋友带来的朋友就伸出手，说，也给我一串。

王峰就像没听见一样，继续埋头翻那些肉串，弄得伸出手的那位好生尴尬。熊倩赶紧把自己手里的烤翅递向那只空手，可又被王峰拦下。他面有不满地道：“倩倩，这是我为你烤的。”

熊倩曾想用自己的方式把王峰拉回正常的交际轨道。

他要和人交往，要融入社会，情商不必高，但起码要够用吧？

尝试了许多次，熊倩开始认命了——王峰不擅长的，她来做，她来弥补就好了。她也常感叹，以王峰这样的性格，还能活得很自在，说明这是个好时代，社会尊重每一个有才华的人。

不过，以上这些，熊倩从前就和父母解释不通，爷爷去世后，更没法解释得通了。

可此时，王峰抱着熊倩，用胡子拉碴的下巴蹭熊倩的背，熊倩黑色蕾丝裙的镂空处，被王峰的胡子扎着、揉搓着，皮肤很快起了红点，然后点连点，红成了片。

见熊倩不吭声，收拾东西的手也停了下来，王峰忙不迭地从口袋里掏出了手机——他的双手环着熊倩，手机放在熊倩胸前，他调出照片给她看，他说，今天我在“798”的画展很成功。熊倩记得那展览，一个月前，是她填写了参展表格，整理了相关资料说。展览的主题是“面孔”，由几个青年画家每人承包一个板块，王峰把画熊倩的这组画拿去参展了，主题是“面孔·爱情”。

照片里，熊倩的肖像被挂在雪白的墙壁上，像女神一样被供着。

三三两两的人路过，纷纷仰起脸来看她。

在他们自己的陋室，那些画看久了，已经看不出好。

可如今经过精心的装裱，搁在高大而空旷的展厅，在恰到好处的灯光投射、照耀、映衬下，怎么说呢？

——熊倩自己都被自己吸引了，被王峰笔下的自己吸引了。

这也是她留在王峰身边的原因之一吧，她不只为了他真实的肉身——那一条大黑狗般，时而威猛，时而柔顺，时而不通人性的肉身。

熊倩捧着手机，一张张照片翻下去——

有观众在她的画前驻足，留影，还有一段视频中，一个女孩对身边的男孩说：“这位画家一定很爱他的模特。你什么时候能给我画一张这样的画？哪怕拍一张这样的照片呢？”

王峰满是胡子的下巴，像熊倩故乡的天井中长满青苔的石板，他一点点蹭下去，胡楂的触感雨滴般一直落在熊倩的小腿上。

七、

可是，熊家二老是绝对不能接受熊倩和王峰复合的。

虽然熊倩发誓保证过，可自家的女儿，做爸妈的还不清楚吗？

——她长情，有一颗圣母心，不声不响却脾气倔强，她打定主意的事儿，谁也拦不住。

此时恰逢南方暴雨，灾情严重，熊倩又出发去救灾了。这次是七地联合行动，熊倩负责灾情评估和统计救灾需求。

她的朋友圈里，三日只发了两张图。

一张是在滔天的洪水里，她穿着救生衣，站在大坝上的样子。

一张是成车的家庭急救箱、温暖包，配文是她所服务的国际公益组织的名字以及“我们一直在”这句话。

“一定要注意安全噢！”

“我们等你回来！”

“总部的同事支持你！”

图片下“点赞”无数，评论无数，也出现了她爸妈的身影。

原来，为避免再联系不上熊倩，熊倩爷爷的葬礼后，熊家二老就努力学习新科技，把所有网络联系方式都补齐了。

又过了三天，熊倩在朋友圈又发了一张图。

这次她发的是一张铅笔速写，她穿着一身户外装，人站在卡车旁，其他人都是虚化了的，是她的背景。而她捧着打开的电脑，对着人和救灾物，看样子是在清点和计数。

这条消息还是“点赞”无数，评论无数。

但语音信息也随之来了，连续有十几条，每条时长六十秒。

熊倩的爸妈轮番质问：“这张画谁给你画的？你不是又跟那小子在一起了吧？”

“倩倩啊，你不能头昏啊，他可是咱家的罪人啊！”熊家二老如是说。

熊倩在忙碌之中百密一疏，她忘了父母已经加入了她的“朋友圈”。

从此，电话就是追魂 Call，当然，王峰也被“追魂”了。熊倩的爸爸甚至失去了一个中学语文老师应有的教养，平生第一次骂出了“他妈的”，让王峰离自己的闺女远远的。而王峰竟抵达了他情商表现历史的最高点，平生第一次礼貌地回应："是的，叔叔，您说得都对。"

可见，熊倩对他的改造，不是完全没有用的，他对熊家的歉意，也不是完全没有的。

熊倩在前线调度。

人手不够，她一会儿照顾儿童，一会儿去帮厨，一会儿又要在简易棚子里，用大勺子从大盆里舀食物，再均匀分配到面前的一个个饭盒里。

一定是因为她太累了，一定是因为瓶装水不够，她这几天喝的都是烧开的自来水，卫生仍有问题。熊倩总是吐，最近一次呕吐时，她放下大勺，去帐篷后，吐得昏天黑地，吐到无法进食，喝清水都会吐，同事直接把她送到了医院。

床位紧张，熊倩躺在了摆到过道里的病床上，她想，这样也好，一直待在前线，就不用回京，不用处理烂摊子了——

她的父母已经赶到北京，就住在"朝北居"旁边，他们一再要约王峰谈谈，王峰却把皮球踢给熊倩，让熊倩告诉她的父母，他在外地。但她爸妈怎么可能相信呢？他们只是住在附近，等着熊倩回来，他们不知道"朝北居"具体是一个小区的哪一间房子。说实话，就算现在王峰走到他们面前，他们也未必认得出，他们与王峰仅有的一次见面还是在机场的匆匆会晤。

此时，又一个追魂 Call 袭来，她对护士说了声抱歉——她妈妈的大嗓门，没开免提整个过道就都能听清她在说什么。

“你什么时候回来？”

“我怀孕了。”熊倩平静地宣布消息。

像刚才护士平静地向她宣布一样。

“你说什么！”她妈妈停顿了一会儿，然后大叫了起来。

像刚才熊倩想对护士做的那样。

八、

怀孕这段时间内，熊倩被公司照顾，不用出外勤，只在总部做行政工作。

她的体质特殊，早孕反应强烈，医生开了卧床休息的假条，并声明，如果需要，可以继续开假条。但没过多久，她又去上班了，理由是：“孩子生下来，需要用钱，不想手停口停。”

这当然不是真实理由的全部。

她去上班的原因还包括，王峰在家，不是在画画，就是在练歌。

之前，为了不让邻居上门来找麻烦，熊倩专门花重金找人为“朝北居”做了消音的装修处理。怀孕前，她常出差，不出差的话，也只是周末或晚上在家里，这个时段，王峰要么演出，要么忙着和她甜蜜，他们的冲突并不明显。

现在，消音墙能保护邻居的耳朵，并不能保护熊倩母子的。

她孕期烦躁，乐声都像噪声，何况多少还是有些噪声。

有时，王峰也出去练，但他不能总活在野外吧？

有时，熊倩也制止他在屋里发出大的声响，王峰的抵抗是不说话，打游戏，不理她。

很难说，王峰不爱熊倩。

不爱熊倩，他就不会如此努力——

写满他工作事项的 A4 纸贴满了窗下，画都挡不住了。

武艳来看熊倩，盯着这一排排纸，也盯着一旁的小本子。

小本子立在画中跳着拉丁舞的熊倩旁边，十六开，封面是梵·高的向日葵，里面是纯白的卡纸，记账之前，是用来画素描的。

武艳翻开小本子，白卡纸上写着王峰的业务往来，密密麻麻地标着交稿日期，并根据重要程度，画上了一个加号和两个加号，有的还用红笔勾了五角星。

“这都是王峰写的？”武艳问。

“怎么会？”熊倩摇头。

“这些符号怎么解释？”武艳又问。

“画五角星的，是已经付款的；画两个加号的，是付了一半预付款的；画一个加号的，是交稿即付全款……”熊倩手里和心里都有一本账。

“王峰也算尽力了，他尽力想做一个好爸爸。”武艳道。

“是的，他尽力了，但和其他爸爸比，他做得并不够多，而且我觉得他不快乐，不欢迎这个孩子。”

“他要做爸爸了，会不快乐？哪个爸爸会不欢迎自己的孩子？”

“那是卢奇，不是王峰。卢奇没有跟你说过王峰是怎么对他异父的妹妹和异母的弟弟吗？他对他们从不理会。他不止一次地对我说，他讨厌孩子，无论是男孩，还是女孩。他永远忘不了，自己看见弟弟、妹妹霸占父母的心情。他也不止一次说‘倩倩，就我们两个人在一起，不好吗？’还有，‘我不知道怎么当爸爸’。”熊倩的脸上浮着无奈的笑，虽然在笑，眼里却流露要哭似的光。

“那你们为什么还要这个孩子？”武艳怪同情地看着她。

“医生说，我的体质是不能流产的。也正因如此，他不得不要这个孩子，我爸妈也没办法不同意我们在一起。”熊倩头一次向非亲人吐露心声。

王峰肯定是爱熊倩的。

再不喜欢孩子，他也坚持了三个月没有演出，天天开着他的小越野车接送熊倩上下班。从前，是熊倩做家务，现在她基本也就动动嘴，家务活儿都是他包了。每次产检，他一定出现，鞍前马后，全程陪同，没有一点过去浪子的模样。

王峰能不爱熊倩吗?

不爱，就不会几乎为她抽干了血。

熊倩早产，大出血，血库告急，产科一片混乱。大家送她到产房的时候，护士们喊着快快快，医生戴上口罩就冲进了手术室。

王峰举着胳膊，带着突突跳的肱二头肌也冲进去了，让医生尽管抽血，喊着：“一定要保住大人！”

王峰的血，从透明塑料管灌进了熊倩的血管，她的脸色恢复红润，而刹那间，王峰的脸变得煞白。

接到消息的熊倩父母，急速进了京。

先前，他们只是默认熊倩和王峰在一起的事实，气仍不顺，曾发出过举办婚礼也不参加的狠话，所以，熊倩压根儿也没举行婚礼。

现在，看在小朋友的面子上，他们前嫌尽弃。

小朋友像寒冷冬天里的小猫一样瑟缩着，乖乖躺在暖箱。

在妈妈肚子里只三十周就来到人世，他还没准备好，只有四斤四两的体重，看起来比别的宝宝袖珍。

护工是临时找的，王峰因为输血，身体比熊倩好不了多少。一家子百废待兴，熊倩的妈妈唠唠叨叨地卷起袖子，在八人间的病房忙了起来。

熊倩的爸爸做内勤工作。

熊倩睁开眼，父母已经在身边，她爸爸带来了一罐鸡汤，妈妈端给熊倩时，也分了王峰一碗。

二十八天后，熊倩母子才平安出院，一个月花了二十万。

开支前所未有的大，熊倩在医院时，气息还不稳，就疲惫地叮嘱王峰，要按朝北的窗下那些A4纸标的记号，赶紧结算酬劳。王峰应承着，没有秘书的他，显得很烦躁。

九、

武艳一家去看熊倩，只坐了一小时。

一小时后，他们要带人看房，看“朝北居”。

王峰在熊倩的指挥下，已匆忙把家从“朝北居”搬到同一栋楼的两室一厅。

70平方米的空间，大人、小孩，主人、客人，摩肩接踵，挥汗如雨。虽然正是酷暑，但熊倩的父母坚持月子里不能开空调。

王峰的吉他、鼓、萨克斯，被熊倩的妈妈收在储物间，和拖把、扫帚、簸箕、梯子堆在一起。

画叠放着，垒在墙角。上面放着纸箱，箱子是装尿不湿的。

王峰向武艳他们打了个招呼，就躲进了另一间房，熊倩抱歉地说："他要赶一幅画，今天要交稿……"

卢奇说："别客气，我还不知道他吗？我们认识二十年了，都是自己人。"

武艳带着自家孩子逗弄新生儿，新生儿转着大眼睛，不怕生人。

"这早产儿喝的奶粉真不错啊，孩子一天一个样，比出院时，又长大好多！"武艳夸道。

"能不好吗？一罐奶粉500多块呢！"熊倩的妈妈对着王峰的房间翻了个白眼——新房子的房租半年一付，还要一个月押金，又是五六万交出去了。昨天王峰忘了结一笔款，今天早上，是熊倩从信用卡里预支现金给妈妈做生活费的。

过了一会儿，熊倩的妈妈就开始喊王峰的大名了，看得出，她打定了主意，不能换姑爷，就要改造出一个理想的姑爷。

"王峰！出来帮一下忙！"

"王峰！"

"王峰！"

熊倩尴尬地看着对紧闭的房门大喊的母亲，武艳、卢奇也一脸搞不清楚状况的表情。

熊倩的妈妈喊到第七遍，熊倩决定起床解围。她推开门，果然，王峰戴着耳机。她推了王峰一下，让他出来，耳机被她扔在书桌上，轻微震颤，流出了披头士的歌：《Yesterday》。

王峰问："干什么？"

他穿着黑色T恤，胸口上是久违的手绘彩色老鹰。他身材高大，在狭小的屋子里，更显得空间逼仄。

"妈在叫你。"熊倩一副希望他合作的表情。

"妈叫我干什么？"王峰努力想合作，他控制着被突然打断创作的恼火，但还是语气、神态生硬。

"你也出来帮把手！"熊倩的妈妈理直气壮，仿佛专门要在客人面前，给王峰一个下马威。

"帮什么？"王峰扭着眉问。

"你给孩子换一下尿不湿，这都多久了，都闻着有味儿了。"

"我来吧。"熊倩要为丈夫解围。

"你别动，就让王峰去换，你的伤口还没好。"熊倩的妈妈像是和王峰杠上了，又拿别人家的爸爸举例："你看人家卢奇是怎么当爸的！全家都在忙，你也别闲着，赶稿子怎么了？挣钱怎么了？你爸以前还不是一边改作业，一边脚蹬摇床？谁还没年轻过，没工作过？"

为避免矛盾扩大化，熊倩踢了王峰一下，于是，王峰在众人面前，表演了一次带孩子。

他接过孩子，动作僵硬，表情更僵硬。

他把孩子放在床上，解开小裤子，解开尿不湿……

孩子手脚并用，拼尽全身的力气挣扎，把尿滋在了他的黑T恤上。他躲闪着，脸上也溅了些尿，老鹰的眼睛被尿浸着，颜色加深。

王峰扯过一片新的尿不湿，孩子已经滚到另一边。他去抓，尿不湿掉在地上，碰到新撒的尿，脏了。

熊倩的妈妈一脸不满，客人们一脸难堪，王峰最抓狂之际，还是熊倩伸出了援手。

十、

王峰说出去走走，再没回来。

他发消息给熊倩，说，他几乎就算是没有爸爸，也不知道怎么做爸爸，没有过“家”，也不习惯有“家”。

熊倩换了份工作，在一家著名的连锁咖啡馆做社会公益部的负责人。

比起上一家单位，这里几乎不用出差，还是做慈善，工作内容介乎品牌建设与企业公关之间。

这家跨国公司，要求新入职的员工，无论是什么岗位，都要去旗下的一家店里做三个月的咖啡师。所以，熊倩就把武艳约在了她所在的、北京北苑的咖啡馆。

熊倩给武艳做了杯拿铁，熊倩自己不喝咖啡，只喝清水。孩子一岁半了，还没断奶，姥姥姥爷娇惯着呢。

武艳说，她听说了熊倩和王峰的事情，但熊倩不提，她也没敢问。

熊倩倒是一副时过境迁的样子，表示那是一年前的事了，那会儿，孩子才半岁。

熊倩回忆起了那一天。

王峰把鼓从储物间拿了出来，然后他去拿了个快递，回来发现孩子尿湿了他的鼓。他很生气。接着，王峰又发现熊倩的妈妈把他的画册当成废品卖了，他们发生了激烈的争吵。王峰说，他去楼下的小花园坐一会儿，然后发动车辆，绝尘而去。

“他不止一次说，他不知道拿孩子怎么办。奶粉、尿布、很多人，他没有办法在这样的环境里创作。那不是他理解的正常生活。”

“办离婚证的时候，就我们两个人。我提醒他，当初他和我在一起，是因为我让他有‘家’的感觉。可他一直摇头，说不知道为什么会变成现在这个样子，总之‘分开吧’，我尊重他。”

武艳问，财产是怎么分的。

熊倩回答，王峰只开走了车，离婚那天，她把萨克斯、吉他、鼓也收拾收拾带去了，然后王峰放上车，拉走了。所有的钱和画都留给了孩子和她。

“他说，一个女人带着孩子，处处要花钱。那些画也值些钱，等孩子大了，卖掉，留着供他上学。”

离婚手续办得简单，现在离婚都发号，登记处有好几个窗口，叫到你，你就进去，进去把结婚证递过去，办事人员例行公事地问了一句——

“双方自愿离婚？”

“是。”

“是。”

“因为感情破裂？”

“不是。”

“不算。”

“不是？”办事人员简直觉得他们是来搅局的，加重语气又问了一遍。两人眼神一碰，又闪开——“是”，这回统一意见了。

啪啪，两个章一盖，证一换，他们的婚姻关系就算结束了。

熊倩生完孩子后，把辫子剪了，因为短发好打理。

出了离婚办事处的门，她甩着短发，帮王峰把萨克斯、吉他之类的装上车，王峰从后备厢拿出了一个无纺布袋，说有礼物送给她，让她回家再打开。

“你猜是什么？”熊倩的眉毛拱起一道月牙。

“是什么？”武艳问。

“黑T恤，他常穿的那种，从前买过一打又一打，他还常常在上面画画。最后一件黑T恤，他画了一个长辫子的女孩，是我从天桥那边走来，胳膊上有一串数字，是他的电话号码。”

三年前，在武艳订婚的派对上，熊倩正式答应了给王峰做模特。

那天晚上，她刚从遥远的西部小城出差回来，她喝多了，眼神迷离，看着舞台中央的王峰，感觉那是发光体。

当时，王峰唱到最后一句：“我只能一再地让你相信，那曾经爱过你的人，那就是我。”卢奇跪下来，向武艳求婚，然后掌声雷动，口哨声不断，彩带飘扬，派对的高潮到来。

而王峰长发生风，目不斜视地朝熊倩走去。

下一曲舞，他俩互为舞伴。

王峰在她耳边问：“我待会儿送你回去好吗？我第一眼看到你，就觉得你是我梦中的女主角。”

王峰送她回学校。

王峰给她留电话。

她说记住了，可王峰不相信，临别，他从车里找了一支笔，把电话号码写在了她裸露的胳膊上，每个数字斗大。

“他现在做什么，你知道吗？”武艳问。

“开着车，一路流浪，一路唱歌、画画，那才是他理想的生活。没想到，我真的做了一回流浪歌手的爱人。”熊倩答。

“你后悔吗？”

“看见那件T恤就不后悔了。他给了我他能给的一切，他不能给的，我自己成全。我只想记住那些快乐，也希望他只记得那些快乐。”

可是，有谁知道，这件事的前因后果、来龙去脉，是一对小人物、一对从异乡来北京发展、发誓要好好活下去的年轻夫妻，在其中惊慌失措、挣扎、奋斗、成长、自愈、直面、解决的故事呢？

只有那年的立水桥，那些熟悉的陌生人。

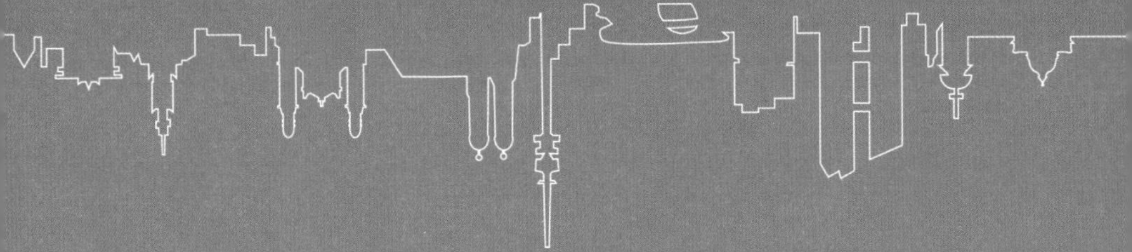

立水桥北

立水桥北

一、

上午九点的立水桥地铁站一片喧嚣。

往南，日头正高，大河上架着大桥，桥上车来车往，每辆车都仿佛镀着金边。

往北，一片新的住宅区正在建设中，建筑工地的哐当哐当声，隔着几公里，仍能穿透耳膜。

往西，是菜市场、一溜儿小旅馆、一溜儿居民区，人们从其中的一处进入另一处，聚拢，分流再聚拢。

往东，商场、银行、餐厅排成了一排，如多米诺骨牌般，一个接一个地开门。高高低低的各式喇叭，播放着各种音乐、促销打折信息、叫卖吆喝。

鲁小力和他的未婚妻曾文文走出地铁站，从南边的桥头出发，向北进军。

走几步，鲁小力就撸一撸灰色摄影包的袋子，让它离腰部近些、再近些。他不放心，环顾左右，命曾文文走快点，跟紧点。曾文文建议坐一站公交车去银行，被鲁小力否定。他怕人多不安全——坐地铁就已经透支了他的小心脏的承受力。他站在桥边，挥挥手，一辆出租车识相地停下，然后，司机一脚油门就把他俩送到了目的地。

“啊哈！小力！哎呀，文文！好久不见！”鲁小力先钻出出租车，曾文文半个身子刚探出来，他们白白胖胖、戴细框眼镜的同学孙鹏就忽然出现在了距出租车不到三米处，然后热情地冲过来，向他俩打招呼。

他们三人起码两年没见了，两年前的这个季节，拍完合照，同学们就各过各的了。鲁小力和曾文文当时忙着把放在学校的东西往曾文文单位的宿舍拉，搬家时间和散伙饭的时间冲突，他们从此“自绝”于集体。

此刻，孙鹏“他区遇故知”，激动得直拍鲁小力的肩，拍得心事重重的鲁小力差点坐到地上去。

“天啊！”孙鹏大惊，“这才毕业多久，小力就虚成这样了？”他狐疑又暧昧地看着曾文文，这是属于同学之间的亲昵。

“他今天要做一件大事。”曾文文忙为男朋友遮掩，鲁小力正调整着微颤的身姿，扶了扶肩上的包带。

“你们今天结婚？”孙鹏开玩笑。

“我们今天买房。”

曾文文六个字刚吐完，鲁小力就一个反手精准地捂住了她的嘴。他拉着曾文文，向一头雾水的孙鹏告别："绿灯了，我们先去忙了，回头见！"

连电话他都没来得及留。

过了马路，他们来到银行，曾文文埋怨鲁小力神经过敏，鲁小力埋怨曾文文话太多。鲁小力二十四小时绷紧的面部肌肉线条，这会儿已经硬得像刀。

直到他们上了银行二楼，进了贵宾招待室，坐在了柔软的沙发椅上，对着玻璃柜台上方闪烁的电子屏弹出的各种理财信息的红字，鲁小力才放松了一点。曾文文去墙角的饮水机处倒了两杯水，一路端回来之后，她发现鲁小力又把包的背带紧了紧，而包就搁在他的腿上，紧贴他的肚皮，随呼吸起伏。

不怪鲁小力太小心。

他和曾文文一样出身于二线城市的普通家庭，父母都在企业工作，供孩子读完书之后，还没缓口气，就要再拿出一笔钱，凑首付，帮孩子在北京安家。

鲁小力的包里一共装了四十三万，两家父母的血汗钱都在里面。

两家父母汇款陆续用了一周的时间，昨天才全部汇完。拿到钱之后，鲁小力就没安生过。他先是将人民币分为五沓一组，拿皮筋捆好，整整齐齐摞在包里；而后，他打游戏，脚踩的是它；他睡觉，头枕的是它；出了门，他觉得谁都在看他；他被孙鹏拍打时，险些问出“你怎么知道我身上都是钱？”这种话。

鲁小力和曾文文到达目的地半小时后，卖房的人才过来。这位卖主姓郝，名字让人过目难忘——单名一个“仁”。他的名字，连起来读就是“好人”的谐音。

郝仁一看就是北京人，一头浮华的自来卷，满口京片子，穿着条纹短袖衬衫，西装短裤。他左手捧着一个大纸袋，右手缠着纱布，食指套着汽车钥匙环，大大咧咧地坐下，两腿分开120度，冲鲁小力点了点头，又冲曾文文客套地一笑。

稍后，中介代表也来了，这姑娘烫着钢丝般强硬的波浪，雀斑长在白皙的长脸上，像瓜子撒在了横剖的西瓜肉上。

她喊着抱歉，说公交车太挤，到了立水桥这一站的时候，她差点下不来。“都是七老八十的人，我还没下车，他们已经扑上来了。”说着，她掏出纸巾擦了擦汗。曾文文爱聊天，插嘴道：“是啊，附近有很多老人，这时候买完菜了，孙子辈也送到学校去了，现在正是他们坐两站车去公园遛弯儿的时候。”

一行人一边说着话，一边一起拿号、等号、柜台交易、签字画押。

手续都办完了，郝仁把一直拿着的纸袋递给了“雀斑小姐”，就像“雀斑小姐”刚才扔掉纸巾似的轻巧——袋子里是中介费。

曾文文瞅那袋子里沉甸甸的样儿，认为那里面肯定有好几万块钱。她看了看自己的男人，不禁摇了摇头，想道："怎么人家拿着钱随意得就像去买菜似的，你就这么紧张兮兮的呢？"

鲁小力的面色这时已逐渐恢复正常，他的语速明显加快，思路也清晰了。他和郝仁约好了搬家的时间，和中介约好了三方过户的时间，又问房产证正式下来还需要多久。

手续全部交代清楚后，四人一起"拾级而下"。

鲁小力和中介的姑娘在前，郝仁和曾文文在后。曾文文好奇地问，为何卖房子这么大的事儿，郝太太却没有出现？

郝仁的回答是："哈，我们之间一直实行AA制，再说，这是我的婚前财产，她掺和什么？她就算想掺和，人也得在这啊！她现在人在美国，我处理完这边的事儿，就去找她了。"

马路西边的人都在往路的东边奔，红灯亮起时，斑马线上还都是人。路的南边和路的北边，汽车动弹不得，喇叭嘀嘀嘀奏成了交响乐。

到饭点了。

兵分三路，中介的姑娘直奔了公交车站，郝仁假客气地问鲁小力要不要捎他们一程，但他要往海淀那边去，与他们不顺路。

鲁小力婉拒了，他兴冲冲地一揽曾文文的腰，意气风发地摇晃着空荡荡的包："走，我们去大吃一顿！"

房子一周后过户，他们两周后搬家。

曾文文在出版社工作，坐班；鲁小力是记者，时间相对自由，程序上的事儿，只能指望他了。

一切顺利，就是路途遥远。

过户那天，鲁小力和曾文文同一个时间出发，曾文文在单位都看完八十页文言文的稿子了，鲁小力才抵达昌平；曾文文都接待完三位作者了，其中一位还是八十高龄、方言浓重到简直需要同声传译的，鲁小力才办完手续。等原路返还，他们分别回到即将搬离的、位于丰台的小家，曾文文已经下班两小时，而鲁小力进门就瘫在了床上，和衣而卧，不多会儿，发出鼾声。

“嘿嘿，新房能看得见星星。”

半夜，曾文文被鲁小力推醒，睡眼蒙眬中，她看见鲁小力坐在一边，啃着指甲，满怀殷切，笑眯眯地等她回应。

她配合地在空中摇摇手做着迷状、喝彩状。

二、

曾文文之所以选择鲁小力，对外宣称是看中了他的才华。

两人相识在某大学的历史学院，他们都对文字感兴趣。

那时，曾文文已在网站上连载小说，有自己的粉丝群。

一次，曾文文顺着同学孙鹏的博客，点开了其他人的链接，看了一圈，她觉得鲁小力写得最好，“从此，一见倾心”——这是官方说法。

但决定才女的选择的，绝不会是才华，那些她都有，真实的原因是鲁小力让人省心。

用一辆自行车来说明——

他们读研一时，鲁小力买了辆自行车，是曾文文陪他去买的，在北大南门，用四十块钱搞定。

他们读研二时，鲁小力在学校的论坛上发了帖，要卖这辆自行车。曾文文看着他对前来看货的买家小师妹，晓之以理，动之以情：

一、这辆车陪我走过了北京的大街小巷，是一辆有故事的自行车，然后他讲了三个故事；

二、虽然是二手车，但车座是新换的，锁也是，六十块还不够垫子钱，可惜发票丢了；

三、不知有多少人想买这辆车，可看来看去只有你最靠谱，我才能放心把“小红”托付给你……

自行车车架是红色的，“小红”是自行车的昵称，在买家眼里，这位大男孩爱心满满。只有曾文文知道，“小红”是鲁小力现取的名字。总之，“小红”被赋予情怀、信任、实用等多种属性，令买家乖乖掏出了六十块钱。

那时，在恋爱这件事上，曾文文不是没有别的选择，但眼看着鲁小力将一辆自行车用了一年，还转手挣了二十块，她心里只有一个声音：我要嫁给他。

六十块，只够他俩在学校门口吃一顿烤串儿。回寝室的路上，见四下无人，曾文文带着烧烤味儿强吻了鲁小力，顺势表了白。

“你为了二十块钱，就决定嫁给他？”一次在办公室闲聊，同事敏敏听见这件事，深表惊讶。

“不是为了二十块，而是这二十块，让我觉得他比一般人社会化程度高，能把生活安排妥当。跟着他，我这辈子都不用操心。”

曾文文对自己很了解，人间烟火中，她只想做甩手掌柜。因为穿过烟火，还有一百个梦等她实现呢。所以，她需要找个人配合她，成全她。

事实证明，鲁小力也确实让人省心。

比如买房子吧，曾文文是在搬家那天，才第一次进新房。

之前，看房、比较、选择、确定，全是鲁小力一人负责。这个过程中，曾文文仅仅是给远在家乡的父母打了电话报告喜讯——要结婚了，要买房了，通知他们汇钱过来；要不是四十三万的责任太大，鲁小力不敢一力承当，就连付款那天，曾文文也不用出席。

信任的结果令人满意，卖房的郝仁要去美国，急于处理位于立水桥北的房产，将近两百平方米的房子以低于市价二十万的价格出售给他们。所以，一切都进行得很快，过户那天，鲁小力完成手续后，长长嘘了口气，郝仁也配合地做松气状。

信任的结果令人雀跃，鲁小力描述了新房可以看星星，进新房后，曾文文放下绑着红布条的扫帚（按鲁小力老家的规矩，乔迁时，女主人的必备品，就真的甩手掌柜般只负责去看星星了。

她顺着枫木色楼梯上上下下，摸摸高脚凳，摸摸粗布沙发，在复式一层靠窗的小茶几边坐了一会儿，看楼下的小花园，看天，揣测这里是不是观测星星的最佳方位；又去复式二层侦探了衣帽间，用“侦探”，是因为光线暗，不开灯时，房间显得深不可测；衣帽间旁的卧室三角顶，是实顶，她眼里燃烧着火炬，对鲁小力说：“我们做个阁楼吧，再开一扇窗，看星星绝好。”

鲁小力给她一记白眼，拉她去阳台，他大手一挥，画下一个圆：“俩阳台，一边封起来做玻璃房，一边敞着，吹风。俩阳台都能看星星！”

第一夜，曾文文靠着鲁小力的肩膀，坐在客厅地上，把灯熄了，就着星光聊天。

五环外，能听见狗吠，比城里安静。

曾文文由衷地说：“我真是个幸运儿，背井离乡，北漂那点儿辛酸，一点没遭遇。”

鲁小力嘲笑：“你这叫什么北漂？户口、工作、房子、老公，哪样让你漂着了？你也确实幸运，最大的幸运是，一出校门就和我在一起。你看那个谁，还有那个谁，哪件事不是全靠自己？”

曾文文把头在鲁小力怀里蹭了几下，像小猫小狗对主人那样，表示肯定和感激。

“咱们这就算在北京扎下根，有自己的家了。”鲁小力像大哥罩小弟似的拍拍曾文文，点上了一根烟。

烟头的一点红成了房间唯一的光点。

家具、墙、地板带着旧主人的气息，在光点的映衬下，聚焦他们年轻而充满希望的脸。

三、

半年后。

北京国际展览馆。

图书订货会如火如荼地进行中，曾文文穿着灰西服、灰短裙，脖子上挂着出入证，在 2 号馆“馆配区”忙碌。

电话在她短裙的口袋中振动，挂断了还振，持续了十五分钟。于是，振动中，曾文文举着一本金色封面的《敦煌遗书》向江苏省图书馆的工作人员解说，等他们停止提问，走向下一家出版社的下一排铝制书架时，曾文文才掏出手机，给鲁小力回电话。

18 个未接来电。

“什么事儿？”

“你能不能回家一下？”

“怎么了？”她听出话筒那边鲁小力的声音有些沙哑。

“我刚接到法院电话，说我有张传票要领。”鲁小力说话越慢，表情越严肃。此刻，他的黑脸就像在曾文文面前立着。

“这你也信？”曾文文扑哧一笑，“赵志安还记得吧？我们同事，小矮个儿，嘴角有颗痣，爱练赵孟頫那位，一周要收到好几次传票电话。他开始时还紧张，后来发现次次都是诈骗……”

“曾文文，”鲁小力打断她的盲目乐观，念她的大名，“我查过了，是法院的号码，今天下午四点前去昌平法院领，现在十点四十分，你打车回来，然后我们一起去。”

曾文文握着手机，挪到2号馆外。

“你确定？不是开玩笑？”

“你看我像开玩笑吗？”

沉默。

几个也挂着出入证的中年男人手指夹着烟从馆里出来，往角落走，一看就是出来过烟瘾的，曾文文赶紧扭到一边。

“究竟因为什么事？法院说了吗？”

“房子。”

"房子怎么了？房产证我们不都拿到了吗？"曾文文一头雾水。

"我也不清楚，说是房产证不合法，要撤销，我们下午去法院拿了传票，再看吧。我在家里等你。"鲁小力已收了线。

以鲁小力的性格，以曾文文对他的了解，没有大事，他不会要她陪着。

狐疑变成恐慌，恐慌如巨型毒蜘蛛抵在胸口，忽然张开八条长腿，霸占整个胸膛，每根毛发清晰可见，令人生怖。

曾文文冲进2号馆，冲回她负责的两架书前，恰逢本社总编过来巡查。她一把抓住穿着红色对襟唐装的领导，颤声道："牛总，我要请假，法院让我和我老公过去拿传票，我的房子出事了。"

喜气洋洋的牛总正在和老朋友、西部某省的图书馆馆长亲切握手，正打算给对方拜个早年呢，被曾文文抓着，他只能点头表示体恤："小曾，快去吧，有什么事儿，尽管跟社里说。"

曾文文从书架下方隐秘处拽出了一个纸箱，在里面扑腾一番，翻出她的白色羽绒服和包，胡乱披戴后，仓皇离去。

四、

地上一片雪。

国展门口是脏雪，昌平城内是残雪，从昌平回立水桥北的路上有一段是完整的、未经践踏的皑皑白雪，道路两边没有生活的气息，只见车，不见人，只见遥远的建筑，飞驰而过的笔直的树，枯树枝丫向上伸，刺向天空。

在9字头长途公交车上，鲁小力挨着曾文文坐，默然不语。公交车空荡荡、晃悠悠，像那天掏空了四十三万付完首付的破摄影包。

天色渐晚。

鲁小力垂着头，捏着传票，全文几百字，他几乎能背了。

直到郝仁的电话打不通，他们才相信真的摊上事了，把心底那点侥幸熄灭。

法院的人告诉他们，他们购买的立水桥北某小区54楼603号房，因房产证办理得不符合规定，被原房屋产权人邹丽起诉，第一次开庭时间定于五个月后，邹丽告的也不是他们，是建委，是房产证的核发部门，鲁小力的身份是相关第三方。

邹丽起诉的理由是，前夫郝仁未经她同意，将她占95%产权的房产售出，她的终极诉求是建委吊销已属于鲁小力、曾文文的房产证，把房产落在她名下。至于那四十三万首付，是鲁小力夫妻和郝仁的事儿，与她无关。

“这个邹丽是从哪儿冒出来的？”

“这件事不应该是她和郝仁之间的事吗？”

“我们付了钱，买了房，一切程序合理、合法，中介核查过资料，银行把关过贷款，建委正式颁发了打着钢印的房产证，凭什么吊销？”

“有什么证据证明95%的产权是邹丽的？”

“买房时，郝仁没有提供房子是婚前财产的证明吗？”

一路沉默，到家后，两人都爆发了，争先恐后地提问。

鲁小力坐在玄关处的矮凳上，扔掉了笨重的褐色毛皮鞋，曾文文比他动作快，已坐在客厅的餐桌旁。她脱了外套，身上还是白天那套灰色西服与短裙，脖子上还挂着蓝色缎带穿起来的图书订货会出入证。

鲁小力换完鞋，仍没起身，他忽然想起什么——

“郝仁那天和我在建委分别时，和我说过要来清理一次东西，你还记得吗？”

“记得。”曾文文点头，“当时你说你可能要出差，还给他留了我的电话号码。”

“他后来给你打过吗？”

“没有。”

“王八蛋！”鲁小力嘴里蹦出三个字，拿出昔日校队门将以大脚开球的气势，一脚踢开了换鞋时坐的实木矮凳，哐的一声，矮凳滚向厨房，在浅浅的门槛处绊倒、停住，矮凳的凳面是只卡通小狮子，狮子半吐着一截红舌头，歪着头倒地。

鲁小力的鞋袜乱糟糟地被扔在门口，他是光脚踢的凳子，脚背肿了一块儿。

曾文文知道他为什么踢凳子，包括凳子在内，家里杂七杂八还有十来件原房主郝仁的东西，都是说好了来搬但没来，现在想想，郝仁其实是故意玩消失了。

脚肿也拦不住鲁小力的怒火，他踉跄着上了楼，迈过枫木色的楼梯，只听见楼上衣帽间里一阵乱响，咚咚咚，他又下楼了，手里多了几件花花绿绿的女人衣服，他将它们扔进厨房垃圾桶，仍不过瘾，还用没肿的那只脚对着垃圾桶狠狠踩了几下。垃圾桶的一侧瞬间破了，鲁小力干脆连衣服带桶都扔到了门外。

砰！他把门重重关上。

砰！他把门又打开，把实木凳子也扔出去了。

对面邻居的门也打开了，是邻居老太太听见声响，出来看了一眼。她正碰上鲁小力杀气腾腾的眼神，赶紧缩了回去。

扔掉的衣服，是孕妇服，是郝仁留下的，应该是那个叫邹丽的女人穿过的。

刚搬进来，收拾屋子时，曾文文还把它们套在身上，衣服里面塞个枕头，对着镜子比画了一下。因为如果不出意外，他们将于下个月回福建——鲁小力的老家，举行婚礼，再过一年半载，他们家就要添丁进口。可是，现在意外出现了。

五、

意外是意外，计划是计划。

婚礼当然按计划举行，但筹备婚礼的心情已与前几天天差地别。

事情逐渐明朗化，首先，没有人会为他们的遭遇负责，每个环节、每个经手人都表示同情，都急于撇清，公事公办地说上一句“我们做的完全符合程序”后，再多问责，就再多一句：“要不，你们也去告我们啊！”

中介如是说。

小到“雀斑小姐”，鲁小力还记得她半年前“丹唇未启笑先闻”，雀斑如瓜子般绽开的讨好模样，一转眼，冷若冰霜，连肢体语言都保持自卫状。她双手环抱双肩，始终把脸往一边侧，眼神躲闪，强调：“郝先生的资料，我们可是一起看的！”她又卖可怜：“这房子，我一共拿到手的提成不到三千块，不关我的事儿啊！”

大到门店负责人：“这是我的前任在岗时做的Case，我不知道。”“你告吧，但我要告诉你们，能开房地产公司的，都是大

Boss！都有大背景！”

银行如是说。

银行对之前的一切审查都不负责，但你对银行承诺的一切都要负责，银行的客服经理比房地产中介的职员素质高多了，耐心、友善，起码脸上职业化的表情是友善的。他微微弓着腰，态度谦卑，语气肯定：“对的，即便房产证撤销，即便你们被强制迁出房子，你们的贷款还是要还，每个月的房贷晚一天扣一天滞纳金。”

曾文文心里咯噔一下，她和鲁小力对看一眼，这正是他俩在家里讨论的最坏结果：房子不属于他们了，四十三万首付打了水漂，欠银行的一百多万要用漫漫余生来负担。为什么说漫漫余生呢？因为现在他俩的工资加在一起，一个月不足一万。

行政机关如是说。

建委的工作人员还原了房产证办理当天的场景，解释了邹丽起诉的合理性——

“鲁先生，您还记得您那天是几点和郝仁办理过户的吗？”

“我不记得具体的时间，应该是快要吃午饭的时候吧。”

“据我们的记录，是 11 点 05 分。”

“这和我的案子有什么关系？”鲁小力纳闷儿。

“邹丽女士申请的关于立水桥北某小区 54 楼 603 房的财产冻结书于下午两点到达我们单位，根据法律，即时生效。您办理过户的时间虽然在上午，但没有即时录入电脑，过户本身没有生效，房产证于第二天上午审核颁发，是在已生效的财产冻结书之后，因此属于无效过户。作为相关第三方，您的房产证将被撤销。”工作人员掰开来、揉碎了地解释，怪同情地看着鲁小力。

“因为你们未即时录入，导致我们的房产证无效？”

“是的。”

“这是你们的工作过失啊。”

“我们并没有否认这一点。”终于有一家单位的工作人员承认自己也有问题了。

“所以，我是因为你们未严格规定的技术细节牺牲了四十多万？”

“也可以这么说。但正是因为您的案子，让我们重视起文件抵达时间和过户时间来，以后应该也可以避免这两个时间点之间的漏洞。”工作人员竟然要向鲁小力致谢，鲁小力险些骂出脏话，曾文文按住了他，她问了一个关键性的问题。

“邹丽拥有这套房产 95% 的产权，这件事如何成立？我们看了郝仁办理房产证的时间和他的结婚证，证明房子确实是婚前财产。”

“他们婚后有一份公证书，在东城区公证处公证的，表明郝仁自愿将房屋 95% 的产权无偿转让给妻子邹丽。”

“那为什么他们不过户？不把房产证改成邹丽的？”

“呃，我想，是因为邹丽的户口。她是天津人，而立水桥北的房子是经济适用房，非北京市户口没有权力购买、过户。”

“邹丽如何知道我们那天过户的？怎么正好那天财产冻结书会送到这里？如果郝仁瞒着她卖房，她都知道去申请财产冻结了，还能是瞒着她的吗？”鲁小力补充提问。

“这我就不清楚了，你们应该去问律师或者去法院查阅他们离婚的卷宗。据我所知，他们离婚也打过几场官司。”工作人员及时制止了对他不熟悉领域的探讨。

两天跑了三家相关部门，两人身心俱疲，从各方得来的消息都是负面的。

出了建委大门，曾文文心事重重地坐地铁回立水桥；鲁小力则留在昌平，去政法大学采访一位专家。这是他争取来的采访选题。“如果我和老先生聊得投契，看能不能让他给我们推荐个好律师。”

鲁小力穿一件黑色绒布面的棉衣，站在地铁口，努力挤出一个笑，曾文文心酸地抱住他，小声说：“我再也不什么事都推给你一个人做了。”

“唉，也怪我，太自信，掉以轻心，又图便宜，现在想想，其实漏洞百出。”鲁小力拍拍妻子的背，“以后，家里的大事，一定我们一起商量吧。”

六、

郝仁的电话永远打不通，邹丽的电话倒打来了。

54 号楼 603 室曾是她的家，家里的电话号码，她倒背如流。

这是个周六，接电话时，鲁小力在睡觉。

电话里，邹丽刚自报家门，鲁小力残存的最后一丝睡意就立马散了。他端起电话，从卧室挪向客厅，因为电话线只够扯到门口的，他只好露出头来，提示正在客厅餐桌上看稿的曾文文注意。然后，他按下免提，一字一顿地说："你再说一遍你是谁？"

"邹丽。"

曾文文噌的一下蹿到鲁小力身边。

"有什么事吗？"鲁小力问。

"相信你们已经接到法院的传票了。"邹丽明知故问，阴阳怪气，听声音就不是一个好打交道的人。

"是。"鲁小力发言极少，主要等她继续说下去。

"那就等着法庭见吧，你们别节外生枝，别埋怨我，有麻烦就去找郝仁，然后我们把房子好好交接一下。"

一听邹丽这么说，鲁小力就来气："应该是你们夫妻把事情处理好，别找我们麻烦吧？"

"谁跟他是夫妻！"邹丽的怒气和怨气，即使隔着电话，火力仍然惊人，"就郝仁那浑蛋？"

她正想长篇大论，鲁小力马上把即将展开的故事腰斩：“我不管你们之间发生过什么，我只是不希望我的生活被打扰。你想玩，是吧？我跟你玩到底！”

鲁小力身上的“混不吝”，平时藏着掖着，关键时刻，全发挥出来了。

他放着狠话，把电话一摔，急得曾文文直跺脚：“你就不能把话听完吗？万一她是我们可拉拢的对象呢？万一她可以撤销起诉，和我们一起告郝仁呢？”

鲁小力的注意点却在来电显示的号码上，这是个座机号，不是北京的。他抄下那组数字，回拨过去，无人响应，再打114查询，报出号码后，得到的回应是：“请记录，该电话号码是天津市滨海新区XX百货大楼。”

他打开电脑，在百度上输入XX百货大楼的名字及“邹丽”，果然，去年年底的一次招工录取名单中，有个同名的，按概率算，应该是同一个人。

“姓郝的没有一句实话！”鲁小力看着电脑屏幕摇摇头。

“是啊，”曾文文跟着撇嘴，“郝仁告诉我，他太太在美国，他卖了房之后要去和她‘会师’呢。”

“我们报案吧！”鲁小力将自己的决定告诉曾文文。

“以什么名义？”

“诈骗。郝仁诈骗，最起码也是恶意卷款逃跑吧？法院发来传票已经一个星期了，他出过声没有？他真以为他能人间蒸发？”

鲁小力头发凌乱，尚未洗漱，坐在客厅餐桌前，对着笔记本电脑，像愤怒的小鸟。

曾文文揽过他的头，靠在自己的胸口，抚了抚他的一头乱毛。

七、

转眼就是春节，春节过后就是他们举行婚礼的日子。

婚礼定在2月16日，是离情人节最近的黄道吉日。

日子是曾文文选的，婚礼现场，她直言不讳地对来宾们谈了选婚期的想法——如果鲁小力和她离婚，以后每个情人节他都过不安宁。

鲁小力扯了一下嘴，没心情开玩笑。

“怎么，娶我，你不是自愿的？”进了洞房，曾文文坐在满是花生、枣、桂圆、瓜子的床上，冲鲁小力一歪头。

福建娶亲的规矩真多。

新娘五点起床，八点化完妆，九点换好婚纱，十点吹吹唱唱，十一点新郎从酒店接上新娘，十二点乘着插满花、扎着绸带的车绕城一周，十三点回到鲁小力父母家。而后，就是无休止的“跪”，跪祖宗、跪长辈，连年长的平辈都要跪。

但是，福建娶亲的规矩真是好。

前一夜听说要下跪的曾文文发誓自己绝不会接受封建残余的那一套规矩，第二天发现下跪的各种好处，立马甘之如饴——被跪的那位，如果不掏出令新娘子满意的见面礼，比如金镯子、金戒指、金链子或直接一沓大钞，新娘子可以长跪不起。

不多时，她已经浑身披金挂银，戒指太多，她分了八个给鲁小力戴，剩下的，拿项链穿着戴。

别人的洞房羞涩旖旎，卿卿我我。

他们的洞房愁云惨雾，金碧辉煌。

“我心里有事，”鲁小力竖起戴着大金戒指的食指直戳胸口，“我笑不出来。”

“给我戴上。”曾文文穿好一排十二个金戒指，小心地拎着大金链子递给新婚丈夫，亮出脖颈。

鲁小力依言给她戴上，曾文文不忘开导他：“你就想，我们回来结婚，发了一笔横财，就算官司输了，这一笔也够我们一年的工资了吧。”

“也是，”沉甸甸、金灿灿的各种首饰令鲁小力精神愉悦了许多，他向新婚妻子表白，“我从未像现在这么爱你和钱。”

“哥，你电话！”洞房的门被推开，鲁小力的堂妹抓着鲁小力落在客厅的手机进来。

“喂？”鲁小力站在窗口，今天，他接电话的声音明显比平时柔和，以为是哪个疏于联系的故友得知他结婚的消息，发来贺电。

忽然，他身体一紧，示意曾文文把门关上，他的体态表明，一定又是官司的事。

曾文文三步并作两步去关房门，客厅里闹哄哄的，起码有四十口人。

墙壁上一片红，红的绸布、红的双喜字，桌子上也是红，红的果盘、红包，亲朋好友的孩子们忙着拆红色的纸盒，剥盒子里的糖。

“嗯，嗯。”鲁小力把眼睛瞪成三角形，他看门关紧了，便招呼曾文文过来听。他怕隔墙有耳，没敢开免提，一边听，一边找了纸笔，在靠着一对红娃娃图案墙纸的写字桌上写给曾文文看：“郝父”。

曾文文跟着紧张起来，她凑过去，与鲁小力共用一个听筒。

回闽结婚前，他俩报了案，像商量的那样，报的是郝仁诈骗。虽然没有足够的证据立案，但派出所的警察于年二十八造访了郝仁父母家做调查，令郝家过了一个难忘又难熬的年。

“您说，您有半年没见过郝仁了？”鲁小力为了确认答案，又问了一遍。

“是。”

“那您给我打这个电话的意思是？”

“如果你们能找到我那个浑蛋儿子，告诉我和我老伴一声，也别让警察再来找我们了。”

“恐怕是我们希望你能找到郝仁，告诉我们一声吧。”鲁小力口气又不好了，曾文文忙用眼色制止他，怕他又像上次对邹丽似的，还没了解到什么有价值的信息，电话就断了。

“还有邹丽，如果她和你们联系，也请告诉我们一下，就打这个电话号码就行。”郝父没理会鲁小力的坏态度，口气中流露出了一丝哀求。

“我为什么要告诉你们？那不是你们的家事吗？”

郝父叹了口气：“你不知道，要不是这个女人，我们家根本不会弄成这样子，也不至于打官司。”

“噢？”“为什么？”

噢是鲁小力发出的，为什么是曾文文问的。

“说来话长。郝仁那个浑小子，是在酒吧认识邹丽的。邹丽比他大七岁，又是外地的，但长得……像孙俪。郝仁被她弄得神魂颠倒，带她回家时，她已经怀孕三个月，我们不同意也来不及了。邹丽能图郝仁什么？图人？他就是个在机关开车的。他名下有一套房子，是我和他妈退休前把公积金全部拿出来为他买的，谁知道，他为了邹丽能跟他，承诺邹丽，只要结婚，就去公证，把房子转让给她。婚结了，孩子生了，房子公证了，然后，邹丽就提离婚。这不明摆着是来骗房子的吗？”

旁边有老年女人的声音传来：“让他们问邹丽，我孙子在哪里。”郝父重复了这句话。

原来，邹丽刚坐完月子，就在激烈的肢体冲突后离家出走，连离婚官司都没出庭，全靠律师代表。

就在半年前，她忽然主动约郝仁带孩子在朝阳区的一个度假村相聚。郝仁以为她回心转意，欣然前往。路上，邹丽说她有点晕车，让郝仁下车去买药，等郝仁回到车内，发现邹丽和孩子都不见了，车钥匙也不翼而飞。一气之下，他一拳头砸向车玻璃，为此，右手负了伤。

曾文文蓦地想起，她第一次也是唯一一次见到郝仁，他的右手缠着纱布。按时间推算，距离郝父陈述的事件发生不过半个月，也就是这半个月中，离婚官司还在进行时，恼羞成怒的郝仁便匆匆把房子卖了。

堂妹在门外拍门，她拧过一次门把手，没拧开，因为曾文文反锁了门。

“新娘子！出来喽！你们真的在洞房吗？”

堂妹的声音、拍门的声音、哄堂大笑的声音，打断了里面正剥洋葱似的接近真相的一对新人。

鲁小力把发烫的手机扔一边，曾文文去开门，一下涌进了几十号人。

最佳男配角到！

整个家族最年轻的男孩，刚一岁，他即将协助举行一个极为重要的仪式，“童男子滚床”。众人将打扮得喜气洋洋的男娃抛在床中央，他惊恐地看着满床红色，哇一声哭了起来，滋一下又尿了出来，人们拍巴掌，大笑，纷纷祝福一旁心神不宁、神游太虚的新郎新娘，“好兆头啊！”“明年肯定能抱上大胖小子！”

喜宴安排在晚上，司仪设计了起码十个游戏，才肯让他们正式行礼。

“请问大家现在最想对新郎说的话是什么？”司仪职业化地笑着问，话筒冲着看客们。

“为什么下午在洞房的时间那么久！”

“哈哈哈哈。”

“请问新郎现在最想对新娘说的话是什么？”闹场后，司仪示意鲁小力可以开始求婚了。

“文文，谢谢你，谢谢你对我的帮助、支持、不离不弃。”鲁小力扑通一下就跪下了。

下午的骚扰电话、空荡荡的9字号公交车，一幕幕在眼前回放，曾文文配合地流下了热泪。

“患难夫妻”，她心里只有这四个字。

两人合力举起巨型香槟往堆成三层的高脚杯里倒，一定是因为太激动了，别人的香槟像瀑布倾泻，他们的却像山洪暴发，最高层的杯子被“山洪”冲垮，碎了一地。

“碎碎平安，碎碎平安！寓意太棒了！”司仪一惊一乍地喊。

八、

婚假没休完，鲁小力就带着曾文文回了北京。

他听不得父母唠叨，因为父母总觉得他们自己过不好小日子，提了四次要随他们进京，照顾起居。

“他们到了北京怎么办？法院随时会来电话，邹丽、郝仁的父母也都知道家里的电话号码。他们万一接到其中某个要命的电话，又帮不上忙，还会瞎担心……”鲁小力私下里说出了自己的担心。

更重要的是，打水漂的是他们的血汗钱，在国企工作了一辈子，那些钱就是他们的全部家当。

出事后，小两口早达成了一致意见，官司由他们两人自己解决，无论是好是坏，绝不求助父母。

这对独生子女，直到现在被逼无奈地独当一面，才有长大成人的切实感受。

临行前一夜，鲁小力憋了很久的泪，躲在房间对曾文文流，他压低声音："听见没？我妈又在和我爸说，新房里要添置哪些东西。他们还不知道，那已经不是我们的房子了。"

曾文文捂住他的嘴："别胡说，事情还没有定论呢！"

但明显鲁小力更悲观。

之前，他的经历太顺风顺水，没失过学，没失过恋，找工作，投的第一份简历就被录取了，买房子，两周搞定，还捡了个"便宜"。

相比之下，曾文文受的挫折教育比他多，她谈过好几次恋爱，有她提分手的，也有别人甩她的。她高考用了两年，考研用了两年，写文章，被退过稿，所在的老字号出版社像老字号糕点铺，新人都是罪人，做小伏低、忍气吞声，她都经历过。

而鲁小力起首就在中央级的大报当记者，去哪里都是甲方，雄赳赳气昂昂惯了，这一次才叫"精准打击"。

回到北京，鲁小力变得更压抑了，见律师，跑法院，不断被邹丽骚扰。

邹丽无缘无故地随时给 54 楼 603 打电话。

她有时是问候，问他们找到郝仁没，问他们有什么打算。

有时，她却是发疯，将同是受害人的鲁小力夫妇当诉苦对象，骂公婆、骂郝仁，怨自己命不好。听得出，在不到一年的短暂婚姻里，郝仁没少打骂邹丽，包括她怀孕时。

有时，她又像要争取他们为盟友，听说郝仁在哪里的线索，就会前来报告，并出主意："不如我们一起去抓他吧？"

骚扰还包括郝仁父母的，他们想见孙子，想通过鲁小力传话。终于有一天，邹丽再来电，鲁小力拨通了郝父的电话，只听他们在话机和手机中对骂。

"真黑色幽默！"曾文文下班回家，鲁小力向她汇报战况，冷笑着点评。

他抽动的嘴角，让曾文文感到陌生而恐惧，这还是那个半夜笑眯眯地推醒她说有星星看的鲁小力吗？

不只是阴沉的脸色，鲁小力令她担心的行为还有——

好几次，曾文文在非正常下班时间回家，发现鲁小力一个人埋在客厅沙发里，开着落地灯，而外面大太阳高悬。

问他为什么，他说怕。

曾文文再去看厨房，早上走时是什么样，下午回来就还是什么样，不像开过火的样子。再翻垃圾桶，也没有外卖的痕迹，她问鲁小力吃了什么，鲁小力总要想一想，再恍恍惚惚答："好像，没吃。"

"不饿吗？"

"忘了……"

此外，每一天，鲁小力几乎都有奇想。

“如果法院强制我们搬家，我就找个工人把门窗都浇上钢水、焊死，谁也别想进来，我和他们拼了。你去买个篮子，系上绳子，在附近租间房，夜深人静的时候，我就从阳台上，把篮子放下去，你准备点吃的，把篮子装满，我再拽着绳子，把篮子拎上来。”

“如果法院强制执行，我就站在阳台上，你给我找两条白色床单，要最大的那种，找桶红油漆，还要刷子，大号的，我就刷三个字母‘SOS’。”

“如果法院强制执行，我站在阳台上挥舞床单，头上绑一根布条，不用红油漆了，用我的血，写‘无家可归’。”

“如果法院强制执行，我们就离婚，我不拖累你。一人做事一人当，房子是我一个人做主买的，欠银行的钱，我一个人还，还不了，我就申请破产。”

曾文文不胜其扰，她把鲁小力的头转过来正对着她，眼睛瞪着眼睛地说：“你清醒点！第一，还没开庭，官司是不是会输，是不是要强制执行，还不清楚；第二，就算什么都没有了，我们还有两个人，你今天觉得四十多万、一百多万很多，二十年后看，可能就是人生的一朵小浪花；第三，我不会和你离婚，我一个学历史的，最瞧不起‘文革’中和老公划清界限的女人！”

她狂吼一阵，鲁小力安静了一会儿。

“好，”鲁小力表示听入心了，但过一会儿又绕了回来，“如果法院强制执行，我们就回福建，住父母家里。我们两个研究生，一定能找到好工作，一定能有饭吃，北京这边，我们就一起申请破产吧。”

曾文文听他说“好”时，面色稍霁，听完整句，觉得以鲁小力的精神状态，他们是撑不到开庭了。

九、

律师是鲁小力同事的同学，面如面团，一副方框眼镜，如神来之笔般改善了脸型，增添了威严感、专业感。

律师事务所在海淀紫竹桥附近的某写字楼里，等他的时候，曾文文往外望，落地窗外能看见她和鲁小力读书时的宿舍。她回头想拉鲁小力一起瞧，发现鲁小力已打开采访本，唰唰唰地开始写“采访提纲”了，他一共拟了三十个问题。

高律师开完会，回到办公室，马不停蹄地接待了鲁小力，鲁小力片刻不缓地对着采访本开始向他提问，问到第三问，高律师连呼吃不消，直说：“我这真是答记者问了！”

他们之前已经见过好几次，今天是来再次确认细节的。

案情复杂，高律师叫来徒弟数人，先熟悉材料，然后一个小时后模拟开庭，分正反方进行辩论；又叫来财务，吩咐她计算一下律师费总额。他让鲁小力把“三十问”先放一放，先听他说。

“你的案子，涉及你告郝仁、你告建委、你告中介；邹丽告郝仁、邹丽告建委；建委告郝仁……不管是你告，还是邹丽告，还是建委告，牵涉到你的，你都需要律师出庭。”

“那不如做个套餐吧？”财务提议，显然有先例。

“五万那个就很合适。”高律师暗示财务解释清楚。

财务去拿单子了，鲁小力和曾文文互相看一眼：商业社会，套餐！

模拟开庭，高律师模拟为法官，鲁小力演自己，曾文文演观众，律所的工作人员唇枪舌剑，明显代表鲁方的那一组吃瘪。“除非找到郝仁，要回那四十三万，否则没有更好的结果。”

“你也可以选择拖，拖到邹丽失去耐性，和你庭外和解，给一个你们都能接受的赔偿额度。”高律师建议。

“我不！”鲁小力斩钉截铁，“凭什么？我是无辜的！”

“比你更无辜、更惨的人还有许多，”高律师冷静地说，“你该感到庆幸，起码你们搬进新房了。多少人买了房，还没进去住，就发现房子有问题，或者房子被没收了，正等待拍卖……对了，如果庭外和解不成，你们还可以让法院拍卖房子，争取一个高比例的分成数额。”

财务走近，打断他们：“今天可以付款吗？”

楼晃了一下，曾文文他们俩差点没站住——一定是幻觉。

曾文文一咬牙，答道：“可以。”她掏出了钱包里所有的卡，包括一张信用卡。

从紫竹桥回立水桥北的路上，小两口各怀心事。鲁小力将自己的“三十问”缩短为“十问”，再精简为“八问”，按高律师的要求，发到了他的邮箱，而律师将在三个工作日内解答、回复。

曾文文啪啪啪地在心里打着算盘：买房子的钱是双方父母掏的，搬家后，他们添置了不少东西，积蓄快用完了。好在他们在婚礼上发了笔横财，但官司什么时候是个头，要用多少钱，谁也不知道。如果他们缺钱了，用什么法子能最快挣到？找谁能最快借到？又不能再结一次婚……

唉，她过去从不考虑这些事儿，可今朝都到眼前来。

生活啊，从不允许任何一个人做纯粹的甩手掌柜。

进了家门，鲁小力恢复“包公脸”，虽然太阳正好，他也想开灯。曾文文横他一眼，他放弃了，但他总要做点什么才能消解焦虑，于是，他随手捡起遥控器，打开了电视。

“现在，让我们来看下地震现场的情况。”女主播的声音把两个人的注意力都抓到了屏幕前。

“地震了？”曾文文睁大了眼睛。

“刚才下地铁，黑车司机是不是问过我们有没有震感？”鲁小力猛地回忆起来。

“对了，我刚才付款的时候也觉得楼在晃，还以为是幻觉。”

他们开始一起看电视。

“北京时间2008年5月12日下午2点28分，四川省的汶川发生地震，震级7.8级，是唐山大地震以来，我国遭遇的破坏力最强的一次地震。”女主播把镜头切换到航拍画面，满目疮痍，乱的石、崩的山、惊慌失措的人们、满地的血和残肢。

反复播放的那么几条消息，就那么几帧画面，鲁小力觉得，央视掌握的信息也不多。

“我们的记者正在赶赴灾区，请期待后续报道。”

又一轮重复播报。

鲁小力陷在沙发里的身体拔出来了，他若有所思地掏出手机，曾文文敏感地捕捉到信息，冲过去，夺走手机道：“不许去！”

“好好好。”鲁小力打发走了她，看曾文文进洗手间了，他又继续飞速地打字，发给领导：“我要去前线。”

十、

第二天一早，曾文文如常去上班。

老字号的出版社有个固定节目，上午十点半前，谁也别想工作，每个人都是“无话不谈”栏目的参与者和倾听者，今天谈话的主题是地震。

老家在四川的，不用提了，忧心忡忡，涕泪横流。

昨天在单位的，惊魂未定，因为出版社所在的老楼是文物保护单位，一百多年了，大车一过，木地板都嘎吱嘎吱响。

“北京要是真发生大地震，黄金逃生时间内，我们谁都想不起来逃！咱办公楼平时就像是要地震似的……这段时间，咱们都别上班了，在家待着吧！”一位姓刘的大姐着急地向穿白色对襟褂的牛总建议。

“文文。”鲁小力的电话这时打来了。

“我今天回不了家了，”鲁小力像在赶路，一直在喘，“我在报社，现在出发，先去成都。我是跟着空军坐直升机去，报社派了三对记者，一个文字记者配一个摄影记者。”

“我不是让你别去吗？”曾文文气急败坏地跺起了脚，全然不顾办公室形象了。

“哎哟！”刘大姐吓得够呛，上了年纪的老地板一跺脚就颤，就像有震感。

“我不跟你说了，到了成都再给你打电话。你在家把门锁好。”鲁小力说完就收了线。

哪怕结婚当天接到骚扰电话，曾文文都没哭，现在举着响忙音的手机，她伏在办公桌一沓繁体字的书稿上，最上面的一张纸很快就湿透了。

北京飞成都不到三小时，但六小时后，鲁小力才落地报平安。

“成都上空都是飞机，我们的飞机在空中飞了很久才找到地方降落。”

曾文文心说，降落不了就飞回来呗。她没想到，还真有飞回来的。鲁小力疲惫中透露出一丝宽慰，他报告说，一起来的三架飞机，只降落了一架，那两架无法降落已经飞回去了。三对记者中，只有他们这一组抵达了现场。

他叮嘱曾文文一个人在家一定要注意安全，这几天会遇见什么事，他也不清楚。他还说，信号时有时无，如果没有及时回电话，也不要担心，一有机会他就会打电话。如果他父母问起他，就说他一直有联系家里。以及，“官司的事儿，你和律师先商量”。

曾文文下班时，去医务室开了一盒安眠药。她有经验，这种药，一粒如穿越，从清醒穿至清醒，中间的睡眠像被省略——

她怕夜里睡不着。

医务室的大夫一边拿药，一边刷新闻：“地震已经更新到八级了。”

他说的是震级。

直到十年后，曾文文还有那场地震的后遗症，只要打鲁小力的电话不通，她就胸闷。她去医院查过，结果是心脏右传导管阻滞，平时无碍，特殊时刻会感到窒息，但她后来顺产生娃都没窒息，可见特殊时刻只有一个——联系不上鲁小力。

当时那通电话后的七十二小时，鲁小力彻底和她断了消息。

他们家里的电话倒是频繁地响，平均一天十个电话，三天里的二十九个电话是鲁小力父母打来的，他们一再问：“小力有没有去汶川？小力在那边安全吗？小力怎么不给家里报平安？小力给你报平安了吗？让小力给我们报个平安。”

曾文文也想知道小力的具体方位，想知道他在干什么，但她不能说她也不知道，只能一再敷衍老人，一夜之间从海棠春睡的史湘云变成了处事周全的薛宝钗。

还有一个电话是邹丽打来的，曾文文第一次与她对峙，邹丽立马猜到了鲁小力不在家，不免有恃无恐。她像泼皮无赖一样威胁曾文文：“你不知道我住在哪里，我可知道你住在哪里。你信不信，我哪天在你家门口堵你，让你出不了门？劝劝你老公，要么你们放弃房子，要么你们准备一百万，我们庭外和解。”

曾文文怕邹丽要堵上门是真的，她偷偷开了手机的录音，诱劝邹丽把“上门行凶”的威胁重复了一遍，方把听筒放回话机的卡槽里。

她穿上便鞋，下了六楼，在昏暗的路灯下走了一段路，然后打上一辆黑车，对司机说：“去立水桥北派出所。”

等她冲进派出所时，接待她的只有值班民警。曾文文一直在发抖，民警拿一只一次性的纸杯装满热水，递给她。

民警听说她的遭遇，既同情，又抱歉。但他表示，警力有限，不能二十四小时贴身保护，警察能做的只有警告。

他根据曾文文提供的邹丽的手机号回拨过去，邹丽一开始口气强硬，听见录音后，不敢再随便说话，警察极具威慑力地告诉邹丽，她所做出的威胁足以被拘留。“我不敢了，不敢了。”邹丽马上服软。

警告邹丽后，民警送曾文文出了派出所。

她正踌躇要怎么回家，发现方才送她来的黑车正打着“双闪”提醒她，司机还在，在等她。她心中一暖，飞奔着，扑进了车里。

她回到家，看到电视里的新闻仍在滚动播出，激进的音乐中，满耳是四川口音组成的悲叹，伤亡人数持续攀升，失踪人数也是。

曾文文又拨了一遍鲁小力的电话号码，听到的还是那句“对不起，您所拨打的电话已关机”。

因为前所未有地心力交瘁，她躺在沙发上，迷迷糊糊睡着了，直至座机电话响起铃声。

“你好，请问你是鲁小力的家属吗？”是一个男声。

“是的，我是。”曾文文颤着声，她的汗毛都立了起来，墙上的时钟指针指着“1”，此刻是凌晨一点。

“你的名字是曾文文？”

“对，我是曾文文。”

“你是鲁小力的妻子曾文文？”对方再三确定。

“你直接告诉我，鲁小力是死是活吧。”曾文文先问了她最关心的问题。

“他活着，他活着。”来电人察觉到自己的问法不对，终于开始正常对话，“我叫吴向阳，是武警，刚从映秀镇走出来。你爱人鲁小力这几天一直和我在一起，他现在还在映秀采访，镇上没有信号，他让我出来后，向你报平安。”

事后曾文文才知道，这位叫吴向阳的武警几十个小时没合眼，是徒步走出重灾区映秀的。他当时已经思维混乱，意识模糊，能坚持打这个电话，已经不易，语言颠三倒四也是情有可原的。

心里的一块大石头落了地，如释重负的曾文文，似乎瞬间也想开了。这个晚上发生的事儿，让她意识到，除了人、人的安全，其他都无所谓。

十一、

半个月后，鲁小力的文章见报，讲述了几对汶川失孤父母的故事。”

曾文文的同事说，在央视新闻里仿佛看见了鲁小力的身影，但那身影只是一闪而过，然后镜头就切换到了一群人负重前行的画面，她不能确定那是不是鲁小力。曾文文听说后，即使人在单位，电脑也开着央视的网站，她随时关注新闻直播，直至鲁小力回京。

这期间，第一次开庭时，三方当事人均未出席，均由律师代理。开庭结果不出他们所料，一审，撤销了鲁小力的房产证，高律师建议二审复议。

半个月的时间，曾文文发生了很大变化，而这变化就是——无论这世上发生了多大的事，只要鲁小力接电话，怎么着都行。她一遍遍温习自己劝鲁小力的话，用来鼓励自己："二十年后，眼前的这些事都是一朵小浪花而已。"

她还无师自通地发明了一种心理游戏，蹲守在CCTV前的日子，她什么都看，包括《艺术人生》。嘉宾在主持人朱军的诱导下回忆往事，尤其回忆到过去的坎坷时，不免流下热泪，观众也配合着感动，配合着哭。

曾文文在屏幕前，托着腮想：为什么观众们哭得那么有安全感呢？连主人公都哭得很放心。嗯，因为他们很清楚，这些都是过去的事了，最艰难的，都已经属于旧时光。

于是，她开始幻想有一天，她也能参加《艺术人生》，坐在那张高脚凳上。

在家里，她一会儿扮演朱军，一会儿扮演多年后的自己，忙于虚拟的采访与回答。

“你最艰难的日子，是什么时候？”“曾军”问。

“2008 年 5 月。”曾文文换一张椅子，对着空气回答。

“为什么？”她再换回刚才的椅子，换回“曾军”的角色。

“那年地震，我老公去了汶川，我们三天没通消息，他生死不明。我一个人在家，为一桩房产官司烦恼。父母凑的四十多万首付款追不回来了，我们还欠银行一百多万；在一个深夜，我被原告恐吓，不得不独自打黑车去附近的派出所报案……”

“你当时怎么挺过去的？”“曾军”又来了。

“我相信法律一定会保护无辜的人，我没有错，为什么要被惩罚？”

“除了信念，你还具体做过什么？”“曾军”像一个心理咨询师。

“我前所未有地意识到人的重要，钱的重要；前者，是人的安全、健康，是两人之间的情感；后者是做好职业规划，只有工作才能让我平静，只有事业的进阶才能救我于水火、免于困顿。我开始理财，不再大手大脚。我最拿手的就是写作，所以四处寻找可以写稿、稿费又高的地方……”曾文文坐回高脚凳，用倒叙的方式，规划起了如何解决眼前的艰难，仿佛这些都是过去式，她只是在总结。

鲁小力到家后，发现曾文文做的一张表，大吃一惊。

曾文文的工作能力能有十分之一放在家里，他就不会里里外外都要操心，又当老公又当“爹”。

那张表放在餐桌上，是财务表。

曾文文将家庭的收入、支出，能从哪里开源，能从哪儿节流，全部列了出来。她竟然还打了房子的主意，她在表里计划着，房贷3000元，两人每月的公积金加起来1200元，房子是复式格局，他们小两口过日子，楼上那层除了衣帽间满满当当，其他房间基本闲置。她打算把空房租出去，租金每月1500元肯定没问题，争取到每月1800元更好。如果这个计划能成真，那就可以“以房养房”。就算他们欠银行一百多万，落实到每个月，其实也不过就那3000元的房贷，目前的一部分困难迎刃而解。

那张表还是工作表。

在开源那块儿，曾文文将有联系的报纸杂志的稿费标准、联系人、稿件要求、频次，通通标明了，旁边又标注了预计收入。曾文文打算在今后五年中，每天利用下班后的时间，靠一支笔，把那四十三万挣回来。

曾文文这是长大了啊，鲁小力琢磨。

女人真可怕，他联想起诸多世界名著，比如莫泊桑在《项链》中写过的玛蒂尔德，易卜生在《玩偶之家》中塑造的娜拉：“一个女人，要想偷偷摸摸地攒一笔钱，尤其是用来还债，她的力量是无穷的。”

曾文文的笔记本电脑开着机，就放在一边。

鲁小力放下那张表，滑动鼠标，电脑屏幕亮起，文档没关，网页也没关。

网页显示，她在看豆瓣的同城租房，她玩真的了；文档显示，她写了篇稿子，标题是《一张艺术人生的高脚凳》，内容就是这几天她在家玩的心理游戏。

鲁小力滚动着鼠标上方的小齿轮，专业人士看专业作品，只需一分钟。

但他拖着满脚是泥的鞋，坐在那里发呆发了足有一刻钟。

一刻钟后，他先脱下了外套。外套是抵达成都时，他随便走进一家服装店，放下钱就穿走的；再脱了 T 恤，T 恤是迷彩的，是志愿者送他的，他自己的那件早扔了。因为有一晚，他无床可睡，在汶川的手术台上蜷了一夜，醒来发现自己浑身沾满了伤残者的血，T 恤已经不能穿了；他的裤子是防水的，是一个老兵分给他的，他的背包里还有那位老兵送他的其他东西，野外生存用的水壶、打火机、医药包……老兵在闹哄哄的机场，被直升机的透明螺旋桨剐掉了半个脑袋，鲁小力看着他倒下，亲手从他口袋里掏出了写着姓名、地址、亲属电话号码的小纸条，然后通知了他的家属；鲁小力自己的那张，就在这条防水裤子的口袋里。

外衣全部脱完后，鲁小力把它们一股脑儿扔进了储物间，不想再看见，不想再提起。

噩梦。

鲁小力想拧开卫生间的水龙头，往右，没出水，往左，这回才拧对了；他离开了半个月，很多事都不记得了，包括官司。

不，准确地说，他其实也记得，就是觉得那些事好像和自己无关了，或者说，生命中有更重大的事儿与自己有关，官司不算什么了，不再是他的切肤之痛。

通往映秀的那段路，余震不断，眼前的山在水上，水和山之间有一条小路，军人、记者、救灾人员、志愿者就在那条小路上艰难前行。间或有巨石从山上滚落，连带着整个山体滑坡，一路行，一路险，有人走到半路就哭爹喊娘地撤回了成都，或者撤回了北京。

如果说，鲁小力出发时，还带着建功立业的心，等到走进地震中的映秀，满眼破败，满眼是失亲、失伴的人，听见遍地的“救命”呼喊，一日比一日声音微弱，但他站在地面毫无办法时，那点私心早变成了人对人的无力，人对自然的恐惧。

尤其，他后来写在稿子里，一对失孤父母，是他和搭档走了几十里山路追到、采访的。之后，他在成都的一家破旅馆，在每隔几分钟就晃一次的余震中，完成了稿件，然后泣不成声。这句话他没写，但通篇表达的思想都是：活着就好，除了生死，没有大事，除了平安，没有给亲人更好的礼物。

那么，房子、钱、郝仁、邹丽，都去他的吧，只要自己和家人都还活着就好。

他捧一把自来水扑在脸上，是冲浪似的洗法。

但愿人长久。

十二、

半年后。

这天，曾文文正勤奋地打字，同时和四位作者在线聊稿子。

三个月前，她拿着打印好的七份图书策划案，趁着参加培训之际，主动约策划部的负责人吃晚饭，现场呈交报告，递“投名状”，争取让自己调到策划部。

“朝廷”正是用人之际。

《于丹说论语》《易中天说三国》横空出世，激起了各古籍出版社谋发展、求突破的渴望。年轻人只要流露出野心，只要展示出和野心匹配的努力，甚至只是个态度，就会有机会。

而曾文文不过是按她在之前那张表中列的职业规划，逐步推进而已。

同事敏敏正在对着电脑看电子报，她喃喃念出了声——

“有人说，地震造成的心理创伤分三层，第一层，是身体、财产直接受到损害；第二层，是亲临现场，目睹灾难场景；第三层，是通过媒体间接接触灾难。”

她和曾文文坐对面，她拿鼠标敲了敲桌子，提醒曾文文注意：“报上说得对吗？你家老鲁心理受创了吗？”

曾文文坚持把与作者联络的文字打完，这才长长叹了口气，开了腔：“这心理创伤啊，我看还有第 2.5 层，介于通过媒体间接接触受灾群众和亲临现场者之间的、亲临者家属，比如我。有段时间，我哭也不是，笑也不是。哭，他说，你经历过什么你就哭？笑，他说，国事如此，你还笑？总之，家属要承担、消化、帮助排解亲临者的诸多负面情绪，比如悲痛，比如恐惧，比如不安全感。”

“你家鲁小力，七尺高的汉子，还恐惧哪？”敏敏面露惊诧。

“当然，”曾文文比画着，摇着一只手，“鲁小力经常做噩梦，每次都梦到他正好好走在路上，地中间忽然裂开一个大缝，缝越来越大，他掉了进去，爬不上来，最后只剩他的一只手在裂缝将合时挣扎着……然后他就会真的晃着手，尖叫着醒来。”

“……然后我就会晃着手，尖叫着醒来。”鲁小力一只手拿着一张牌，另一只手摇晃着，他正向有灾区救援工作经历的伙伴们演示自己的梦。

“是的，是的”“我也是”“都一样”，不断有人点头附和。

鲁小力表演完，轮到下一个人抽牌、看牌、演说。

连续半年，每隔一周的周三下午，鲁小力都要来这家咖啡厅。

咖啡厅位于北京东城区张自忠路的一个胡同里，一个国际公益组织在这里为一些地震的救援者、报道者提供心理治疗援助。

所谓心理治疗，其实就是和有同样经历的人在一起，做做游戏，吐露一下心声。

主持人是公益组织派来的心理咨询师，针对问题提供解决办法，或者只是疏导，让与会者自己说出问题的答案。

今天的游戏是拿一副画着各种图案的牌，就某一主题谈自己一念之间想到的事儿。

主题是主持人定的，“治愈”。他洗牌时，坐在牌桌正中央宣布。

“我也是一次又一次做噩梦。”鲁小力发言后，下一个人是来自西直门第三医院的医生。

他抽到的牌，印着一只小猪，对着那只憨态可掬的猪，医生表示，被派去救援的路上，医院的车堵在一座大桥下，余震起，前面一辆车上装的全是小猪崽，车动不了，小猪崽惊慌大叫，在有限的空间里扭来扭去，企图挣脱束缚，叫得人心里发毛。他当时的感觉是绝望、窒息、可怖。

“我回来后，噩梦的背景音全是猪叫，好像自己被猪包围着。”

他拿起咖啡杯旁边折得方方正正的餐巾纸，揩了揩汗。

“治愈体现在哪里呢？”主持人提醒他今天的主题。

“最近的梦里，猪叫声一次比一次声音小了。”医生怪不好意思地说，他用拿手术刀的修长十指捂住脸，现场发出一阵笑声。

“鲁老师，您的谈话中，治愈地震创伤体现在哪里呢？”主持人忽然想起，刚才鲁小力也忘了阐述和主题相关的内容。

鲁小力正在出神，被点名之后反问：“我的治愈体现在哪里？”

“喀，”他清清嗓子，表明他刚才摸到的牌，是一个人在沉睡的图案，所以他想到了梦，“对地震创伤的治愈，我现在还没有感觉到，但我明显觉得，经历了地震，我原来生活中的烦恼被治愈了。”

众人挑起眉毛看他，心理咨询师示意鲁小力继续说。

于是，鲁小力说起仍在斗争中的立水桥北的房产官司，也说了他心境前后的变化。

一桌共有十个人，除了主持人维持着职业的镇定和可亲，除了鲁小力自己，剩下的八个人都屏住了呼吸、瞪大眼睛关注这场人人都可能陷入其中的事件。

“治愈？”主持人提醒他注意主题。

“我一度怀疑是不是命运在跟我开玩笑。我想过什么都不要了，逃回老家；也想过申请破产，对那只看不见的手投降。从地震灾区回来后，我却开始想，跟他们干呗！我其实没什么好埋怨的，在灾区看到那么多人，怨天，怨豆腐渣工程，怨房子被震没了，还要还贷款……可是有什么用呢？无济于事啊。”鲁小力把手放在本木色的长桌上，捏关节，发出咔吧咔吧声。

“我回来后，觉得家里人都好好地在身边，就值得庆幸；我应该就事论事，拿出理智的态度对待这件事，不再耗在情绪里，不再总想为什么是我，凭什么是我，要打持久战就要有作战计划。”鲁小力眼前浮现出曾文文做的那张表，“现在官司的二审，我也输了，但我什么都不怕了。这是我理解的治愈。”

他用释然的眼光看向心理咨询师。

人散后。

鲁小力紧了紧帽子，从张自忠路的小巷子走出，有人从后面叫他，是刚才围在一起谈治愈的一位同行：“鲁老师，我也住在你说的那个小区，一起走吧。”

一轮新月爬在段祺瑞府的红灯笼上。

到处是堵得水泄不通的车，两人一路走一路聊，挤进地铁5号线的车厢时，已把在灾区共同认识的人聊完了。同行问鲁小力，有没有想过让媒体报道下他房子的事儿。

“想过，没想好从哪个角度，毕竟对新闻来说，我的事太小了。”鲁小力答。

同行叫李勇，自我介绍说，他本来是在某都市报跑房地产方面的新闻的，去灾区也属于临时被抽调，现在，他又回了原部门。“二手房买卖过程中，骗局不少，您的这件事，是我至今为止，听到最集中、最典型的程序出现的漏洞。说不定，这件事还能推进相关法令的修订呢！”

“兄弟，谢谢你，我回去把相关的资料发给你看看。”鲁小力在各种气味弥漫的车厢里，在推来搡去的人潮中，伸出手狠狠握住了对方的手。

剩下的时间，鲁小力和李勇聊着，也在思考着。

他看到了希望，又不敢抱太大希望。从接到传票那天起，这一年，世态炎凉，人情冷暖，他尝了不少。好几个朋友，他自认为是贴心的，听到官司的前半段，就匆忙结束了谈话，从此消失不见。后来他才知道，人家是怕他借钱。包打听和掮客他也见了不少，上一次有人主动提出援助时，第一句话是帮忙，第二句话就是开价：“给我二十万活动经费，我来运作，但不能保证一定可以找到解决关键问题的人。”

“立水桥到了，到站的朋友请下车。”

哗啦啦，站台上的人挤成一团，车厢空了一半。

鲁小力和李勇被人流裹挟着推出了地铁站口。

华灯初上，人群一撮一撮地往东西南北分流，公交车、出租车、黑车、小三轮像簸箕似的撮走了他们。

过天桥时，他们穿过贴膜的、卖花的、卖煮玉米的，李勇像市长似的对鲁小力感慨：“听了你的故事，再回到立水桥北，我有种感觉——这里是北京，这里是亚洲最大的社区，这里是无数从全国各地跑来首都扎根过日子的年轻人的第一站。他们大多出生于普通家庭，不富有，也不算贫穷，他们怀揣理想，愿意奋斗，有清晰的阶层上升计划。他们一开始只买得起相对便宜的房子，以为自己会成为这个城市的一员，但其实这里不是他们的城市。”

“不是他们，是我们。”鲁小力答，两人并肩走下了天桥的楼梯。

“打车，打车，北二、北三区的？十块钱一个人。”天桥这端的黑车司机喊着价，围住了他俩。

十三、

一则新闻，让曾文文任职的出版社里的“无话不谈”节目持续了一个半小时。

新闻是关于二手房交易的，新闻主角分别是鲁某、郝某和邹某，新闻发生地点是北京市立水桥北的某小区，而新闻之所以引起热议，标题起了大作用：“北京二手房交易惊现漏洞？！”

一时间，北京人人自危，包括老字号出版社的众人。

刘大姐拿着自制的肉包子，敏敏拿着鸡蛋灌饼，牛总编喝着豆浆，印制部的焦叔想点根烟，但看看众人没敢点，还有几个新编辑束手束脚，腼腆地笑着附和，全程不说话的只有曾文文，她默默地啃着黑麦面包。

几乎每个人都对北京的房产交易提供了观点和案例。

刘大姐的外甥卖了望京的房，买了朝阳公园附近的，过户时，房主反悔了。“可就半个月的时间，房价涨起来了，我外甥拿着卖房的钱，根本买不回以前的房！”刘大姐嘴里含着肉馅，愤愤然。

牛总编呷了一口豆浆说：“这算什么，他的钱好歹还在自己手里。我战友在郊区买了套别墅，还没搬进去呢，发现是贪官的赃产，贪官进去了，财产冻结，别墅等着拍卖，他的钱猴年马月才能拿回来。”

“哎呀！”众人纷纷唏嘘、叹息。

像收获掌声般收获完了群众的反应，牛总编想起什么来，扭头问正在啃面包的曾文文：“小曾，记得去年你家房子也出官司了？后来怎么样了？”

众人的目光齐聚在曾文文身上，她一惊，赶紧喝口水，把粗糙得刮嗓子的面包咽下，堆上不想多谈的笑：“没事了，没事了，我们的事儿没新闻上说的那么复杂。”

十点，出版社的“无话不谈”节目完，十点半，鲁小力的电话到。

他说，他下午要去建委一趟，是建委主动联系他的，还派了位法律顾问跟他谈，至于原因，李勇的那篇报道看来奏效了。

“是啊，网络时代，房产问题又关乎民生，消息传得满天飞，我们办公室都讨论一个多小时了。”曾文文挂断电话，改在网上和鲁小力交流——她多次见到一些同事议论不在现场的同事，她可不想成为他们议论的中心。

“这期的主题，我想写‘为什么只愿向陌生人敞开心扉’。”

和鲁小力聊完，曾文文马上向编辑小方报选题。

上次鲁小力没和曾文文商量，把《一张艺术人生的高脚凳》推荐给了报社负责副刊的同事小方，小方有合适的版面就顺手发了，没想到，公共邮箱里收到一百多封读者来信和读后感。小方再去曾文文的博客，翻了翻她过去的文章，感觉不错，于是，力邀曾文文在报纸上开专栏，为曾文文的写作助了一臂之力。

写作有收入，符合曾文文的理财规划。

写稿更是一种自我修复，比如她刚才比面包还难咽的“是我，是我，就是我，我就是这么倒霉”的心声，就全靠把故事在纸上和盘托出才能疏解、消化。

一上午，曾文文手上不停地在做一本书稿的流程表，心里没少为鲁小力担心，脑子里还在构思专栏文章怎么写，眼睛又要时不时地在门户网站浏览事关她家的新闻，网友们的跟帖和评论一会儿的工夫已经过万。

午饭时间，她在单位门口的“一枝花羊汤店”刚坐下，便听见对面桌的一对情侣在讨论那则新闻：“听说有个人买房，已经办了过户，房产证还被吊销了！”

“除了知根知底的房子，北京现在谁敢买房啊？”声音传来，是后面桌的俩大爷在发表高论。

她招招手，向服务员要菜单。

服务员行动迟缓，她掏出手机，打开QQ，推送的头条新闻就是：“北京二手房交易惊现漏洞？！”

QQ的窗口还在晃，曾文文点开，消息来自同学孙鹏。自两年前，买房付款时，他们曾在大街上遇到，之后再无联系。但此刻，他发来一个链接：“你们还住立水桥北吗？新闻里的鲁某不是小力吧？”

编辑小方也跳出来了：“立水桥北二手房的新闻是说你家吧？这就是你想要对陌生人敞开心扉的原因？”

还是有聪明人会综合信息啊。

聪明人还包括房客，曾文文把家里复式房形的顶层租给了中央戏剧学院的一个研究生。

“姐，新闻里说的是不是你和鲁哥啊？你们官司打输了的话，我还能继续住吗？之前的房租和押金能退吗？”女研究生犹疑地问。

“新闻里说的不是我们。”拧开门，迎上她的曾文文面色如常、坚决而肯定地回答。女研究生急着要去看话剧，得到答案后，松了一口气，喊了一声拜拜，绝尘而去。

来自建委那边的消息有两个，一个好，一个坏。

“你想先听哪一个？”天擦黑时，鲁小力才到家。他坐在门口的狮子头板凳上换鞋，曾文文一脸殷切地看着他，等他宣布结果。

“好的！不，坏的！不，还是先说好消息吧！”曾文文犯了选择恐惧症。

“好消息是，新闻引起了社会关注，建委很重视，接到许多问询电话，他们也感到了压力。”

“我知道啊。”曾文文还蹲在板凳旁，比小狮子还像小狮子，她把今天从“无话不谈”听到的，从羊汤馆里听到的，从八百年不来往的孙鹏那里听到的，一一向鲁小力汇报了。

“接下来的官司，建委将配合、协助我们。或者说，他们和我们是利益共同体，官司要一起打。”

“坏消息呢？”听完好消息，曾文文放下了心，但想到坏消息，心又拎了起来。

“坏的消息是，下午我们正在会议室谈话，有工作人员进来说，邹丽正在大厅申请过户。”

“什么？”

“是的，二审我们败诉，房产证吊销，房子判给了她，她当然随时能申请过户。”

“那怎么办？”

“我扭脸就问向我示好的法律顾问，所谓支持和协助体现在哪里？”

“他怎么说？”曾文文蹲着向前蹭了几步，又凑近点，头都碰着鲁小力的膝盖了。

“他出去协调了，再回来时，说阻止了邹丽的过户，理由是目前这房子还在诉讼中，产权不清晰，不予过户，等产权清晰以后，再择日过户。”

“所以……”曾文文站起来，在房间里转了一圈，又回到了坐在凳子上的鲁小力面前，“这也不算坏消息，顶多算不好不坏的消息？”

“对！”鲁小力抽动了一下嘴角，“如果我是邹丽，一定深受打击。官司打赢了，她仍然没拿到房子。因为我们实在无辜，是善意的第三方。”

两人终于放过了那只小狮子，携手走进客厅，像皇上拉着皇后登基一样，走到餐桌边，相敬如宾地面对面坐下。

“你觉得邹丽下一步会怎么做？”

“你觉得邹丽下一步会怎么做？”

他们异口同声。

“我觉得她会崩溃。这暗无天日的等待，择日，择日，择哪一天？要等到哪一天？”曾文文分析道。

“既然等待会让人崩溃，那我们能做的就是拖，拖到她完全崩溃。”鲁小力的食指敲着黑色石头的桌面，像开选题会一样，制定着战略，“事情到了这一步，我们赔得血本无归不可能，我们一分钱不出就想了结也不可能。我们应该拖到她崩溃，让她来找我们和解，到时候，我们就是甲方，她就是乙方了。”

“邹丽提出过和解，她要一百万。”曾文文想起来。

“那不可能。”鲁小力斩钉截铁地否定。

桌上是曾文文给鲁小力留的饭。

她先去书房写稿子了，鲁小力拍拍她的屁股，问她最近写稿的收成如何。

她努努嘴，示意餐桌上有一沓未填写取件人姓名、身份证号的汇款单，“收成不错啊！”鲁小力喜见曾文文跟随他的步伐，也成了文艺青年中的“小算盘”。

有的人天生有经济头脑，有的人不。

那些后天养成经济头脑的，或者说忽然养成经济头脑的人，不是受了生活的磨难，就是受了生活的磨难。

十四、

为了过户，邹丽很快起诉了建委，一审、二审，官司又打了十个月。

这期间，鲁小力换了律师。高律师和他“政见不合”，他希望鲁小力也起诉建委，但鲁小力认为，在他的问题上，建委是有不可推卸的责任，官司打赢的概率较大，不过目前建委更是可以团结的对象，双方应该先“一致对外”——“外”是邹丽，是想抢他房子、抢他稳定生活的人。

高律师又是威逼，又是利诱，在他的办公室，喊着“打！”他一按桌子，身体应声而起，逼向鲁氏夫妇。而后，他露出神秘的笑：

“告建委成功的话，你能拿到一笔可观的国家赔偿。”然后他被鲁小力顶回去：“别逗了，我是记者，我知道国家赔偿款的数额，也知道从申请到得到，整个过程有多难。”

回去的地铁上，鲁氏夫妇统一了意见，主要是统一了感觉：高律师想帮他们把官司打赢的意愿低于多打一场官司多挣一笔钱的意愿，加上前两场官司输了，鲁小力的封建迷信劲儿也萌发了：“高律师，可能不吉利。”

地铁13号线有一半的轨道在地面上，列车往北呼呼地开着，阳光透过玻璃窗洒在车座上，曾文文在阳光里把头搁在鲁小力的肩膀上，帮他平静地下决定：“换吧，攘外必先安内，‘内’是我们，是以我们为核心的团队，包括律师。”

新律师得来纯属天助。

一日，鲁小力在知春路的一所大学作讲座。

地震一周年，地震时的那篇报道，令鲁小力获得了诸多荣誉，单位、行业都把他定义为“专业型记者”，专业方向就是灾难报道。

一年了，鲁小力一边接受心理治疗，一边处理磨死人的官司，一边还要在更专业的事业进程中奔跑。他写论文，参加各种论坛，作各种讲座，回访灾区；他继续报道各种灾难，包括海啸、泥石流、洪水，哪里有灾，哪里有他。

那些未能杀死他的，使他更坚强，无论是生活还是工作。

他在讲台上，按着PPT翻页器，一帧一帧翻图片，配合解说，还配有报道中的文本分析，台下的人听得全神贯注，频频点头。

有一位法学院的老师，旁听了他的讲座，也参加了讲座后的饭局。他挨着鲁小力坐，自我介绍姓陆，一开始他们只是泛泛地聊天，当得知陆老师的来头之后，鲁小力邀他出去抽了根烟，用十分钟讲清楚了自己的官司，并打开手机，搜到了李松参与报道的新闻，问陆老师有何看法，有没有相熟的律师推荐。

陆老师表示，这条新闻他知道，没想到能遇到事件的当事人，他拍了拍鲁小力的肩，把称呼变成了"小力"："小力啊，这么说，你这一两年经历了很多事啊。"

鲁小力苦笑着摇头，一副曾经沧海的无奈。

"我回去研究一下，如果方便，你把资料发我邮箱，我看一下。"两人回到包厢前，陆老师叮嘱鲁小力。

郝仁和邹丽的离婚案卷宗，邹丽起诉建委，鲁小力作为第三方，一审、二审卷宗，此刻邹丽再次起诉建委，现在进行时的……

曾文文早将各种资料汇总、编号、打包成了压缩文件，当晚由鲁小力发给了陆老师。

鲁小力在网上搜了陆老师的情况，陆老师除了是法学教授，兼职做律师也有模有样，小两口在家里商量，如果能争取到大律师的加入，或许事情就有转机了呢？

平心而论，鲁小力已不像一年多以前对官司的结局那么提心吊胆、紧张迫切，它就像颈椎痛，是真痛，但一时半会儿也不要命，感觉要命了，就做点按摩，控制一下。可曾文文却一天比一天着急，理由是，她想生孩子。她的生活可以横根刺，偶尔痛，带来不便，但这根刺不能阻挡她正常的人生秩序。

尤其，曾文文和小方配合默契，从那张大报流传出去的她的文章，全国几乎没有报纸杂志没转载过，已有好几个同行来打听她的文章是否可以结集出版。

事业上的起色，让她越发希望家庭那部分也跟上来，变得可控，可按计划推进、执行。她不止一次地向鲁小力提出去做孕前检查，别避孕了，都被鲁小力挡了回去："官司未定，何以家为？"

这个晚上，给陆老师发送完资料，他俩又辩论起来。

正方曾文文，反方鲁小力。

几个回合下来，正方纠结于："为什么不行？""穷人家就不能生孩子了？""事情就不能有转机了？"

反方就一句话，在现有财产状况下，如果能多出五万元的专项资金，就可以生孩子。

"现有的财产状况？"正方问。

反方向正方汇报，每月如何拿正方的工资及稿费过日子，如何处心积虑地拿他的工资及婚礼收的份子钱做理财，如何拿房租及公积金还房贷，目前有多少钱，可能花多少律师费，如果邹丽提出庭外和解，他的心理底线是多少钱，还差多少钱，能向谁借……

正方不吭声了，她看得出反方为这个家殚精竭虑、呕心沥血，于是她默默进屋去写稿子了。

过了一会儿，反方走进卧室找正方，眉开眼笑地通知她：“陆老师愿意接咱们的官司，他刚才给我回信息了！”

反方手机上的字吸引了正方：“小力，除了对你的同情，我更对官司本身感兴趣。这个案例巧合集中、问题典型，该案的推进，或许可以改进二手房交易的一些漏洞，也算做了一件有大功德的事。”

正方电脑上的字也吸引了反方，曾文文将电脑桌面改成了一片黑，正中央嵌着两个红色大字，外加一个标点，真真辣眼睛，它们是——“五万！”

十五、

陆老师，不，陆律师接手时，邹丽已经起诉建委，要求过户。

对于这桩官司，他提前给鲁氏夫妇打了预防针，建委的胜算很小，继续下去的唯一意义是，时间拖得越久，越能成就理想的和解条件。

“邹丽再泼皮无赖，毕竟是一个女人带着一个孩子的生活条件，‘拖’最致命。”陆律师的话印证了鲁小力之前制定的战略是正确的。

建委也确实“拖”了十个月，不是主观的拖，是客观的。邹丽申请过户，程序上不算完全合理，还是老问题，她是天津户口，房子是经济适用房，非北京户口无权过户。

经过一审和二审，法院最后还是判了邹丽赢，结局在意料之中。陆律师建议鲁小力，起诉郝仁和邹丽夫妇。

他们坐在知春路的一家茶馆，李松作为嘉宾列席参加了这次讨论。

“起诉郝仁和邹丽？”

“是的。”陆律师点头，“起诉他们以及中介公司，因郝仁和邹丽的离婚诉讼导致你在买房子的过程中利益被损害，而中介公司审查不严，也要负连带责任。你请求法院解除原房屋买卖合同，让郝仁和邹丽赔你首付款，让中介公司赔偿中介费。唯有如此，才能将和邹丽之间的产权官司变成债权官司。”

“那如果诉讼过程中，邹丽拿着法院裁定书过户成功，拿到房产证了呢？”鲁小力最大的担心莫过如此。

“届时我们可以申请查封。”陆律师的专业给了鲁小力莫大的勇气。

那就继续打官司吧。

两年来，鲁小力的经历，都显示在他的眼睛里，是眼神中一种叫坚定的东西。

沉不住气的是曾文文，自从树立五万元生育基金的目标，在五年挣回四十三万的目标之外，这无异于自我加压。春节期间，双方父母都来到他们在北京的小家，可除了大年初一一起出去看了场庙会，她就忙活得没空下楼。

鲁小力问她在忙什么，她秘而不宣。只见她又在电脑上做表，表内密密麻麻填着人名、单位、电话，她还时不时翻一下手机通讯录，时不时在各大电商网站上查阅图书销售榜。

两个月后，曾文文回家宣布了两桩喜事——

其一，她策划的一本书，获奖了，是那间老字号出版社二十年来第一次获国家奖，内容关于警察，选题就是那晚她去报警的路上想出来的；刚才路过立水桥北派出所，她还特地进去送了那天接待她的民警一本样书。

其二，她个人的第一本书，即将出版，合同就在她手上。

这两件事的核心都是钱，社里给她的奖金是五千元；图书合同约定，首印的稿费一万五千元。

这时，鲁小力才知道整个春节曾文文在忙什么。她把这些年来写的文章分类编好，把目录、样稿、营销文案准备好，分成了几个资料包；按表中列出的、她费心搜罗来的全国和她文章类型一致的四十家出版单位的相关责任人，精准投放。

“我当时想，总有一家能看上我吧？没有人看上，就说明我写得不好，那也无所谓，等于我拜了所有码头，收获了专业的意见，回家继续练功呗。”曾文文坦言心路。

事情就是这么顺利，4 月 10 日，曾文文投给了第三个出版单位，4 月 12 日，该单位负责人给她回了消息——我们签约吧。

“看，我很快就能存够生育基金了吧？！”4 月 15 日，曾文文左手扬着合同，右手扬着五十张百元人民币，得意又嘚瑟。

曾文文的鼻头有一颗痣，笑起来，像蛋糕上的草莓，晃悠悠，让人老想对准那个点。

鲁小力努力对准那个点，不忍心打断她，但还是打断了：“对不起，文文，邹丽告建委二审赢了，我们输了官司。”

“这我知道啊，咱们不是接着起诉了吗？”

“我刚和陆律师通完电话，建委的人也和我聊过了，今天邹丽过户成功，拿到了房产证。”

曾文文穿着一条红裙子，缓缓坐在了小狮子图案的板凳上，手里还捏着合同和钱。鲁小力拜倒在她的石榴裙下，安慰她：“别担心，明天我就去和陆律师商量下一步怎么办。我们还有最后一条路，就是申请查封。”

还是在知春路，还是在茶馆，还是陆律师、鲁小力、李松三个人。

“现在我们要逼郝仁出现。”陆律师制定了方案。

“怎么逼？”

“告诉他家里人，如果不，直接起诉他诈骗，拖上他，让他和邹丽去纠缠。即使是三方坐下来谈和解，郝仁的介入也会平摊一下你们和解的成本。比如邹丽如果要五十万和解金，是不是能让郝仁付一半？在此之前，我们还要按原计划申请法院查封54楼603，这样，邹丽就不能随意买卖房子了。”

鲁小力不住点头，李松在一旁记录着——他打算结案后，为上次的新闻做个追踪报道。

箭在弦上，刻不容缓，陆律师马上吩咐助理去办了申请查封的手续。

这次，还是鲁小力和李松一起坐地铁回立水桥。

穿过卖花的，穿过煮玉米的，穿过贴膜的，李松笑着说：“我如果是你，就现在给邹丽打个电话，不让她那么好过。”

鲁小力的额头一片白霜，是刚才的汗，一层层凝成了盐。他说李松提醒得对，他们过了天桥之后，他让李松先走，自己站在桥下，冲出黑车司机的包围，摸出手机就打了电话。

邹丽听到鲁小力的声音有点惊讶，过户成功，房产证上终于写上了她的大名，但房子仍然一时半会儿处理不掉，还有“查封”这一说。再听到有可能还要由她来掏解除合同的首付款，她就更惊讶了。

鲁小力想起当初拿到传票时自己惶惶不可终日，邹丽给他的威胁来电，简直堪称是致命一击。所以此刻他的口气如同复制她当时的口气：“等着吧，等着法院通知你吧，我早说了，你想玩，我们就玩到底。”

他挂断邹丽的电话，接着给郝仁的父亲打了过去。对于郝父，鲁小力的心情一直很复杂，既觉得他是害自己的人，又觉得他其实也是受害者。郝父每次联系鲁小力，口气中的哀求都让鲁小力有代入感。万一有一天，他也有一个像郝仁似的儿子，是不是也得这么低三下四地为之赔礼道歉呢？鲁小力又不免想到自己的老父，以及在灾区遇到的那些父母，唉，可怜天下父母心。

所以，他对郝父的态度就比对邹丽温和些，但温和并不意味着更改决定，他通知到位，晓以利害，郝父诚惶诚恐，发誓这次一定尽全力，挖地三尺也要把郝仁找出来。

十六、

查封手续还没办理清楚，邹丽就主动来和解了。

郝父是不是一直在扮猪吃老虎，没人知晓，只知道他最后关头的威胁起了作用，和解当日，郝仁出现在了立水桥北刚建好的新法院，三方陆续进入了调解室。

“鲁记者，好久不见。”郝仁还是那副胡同串子的懒散模样，穿着大裤衩，横条纹T恤，手不停地在拨额前浮华的自来卷。

调解前，郝父约鲁小力吃了顿饭，替儿子探了口风，鲁小力明确表明了三点：一、郝仁必须站在他这边，促成和解；二、双方必须合力将邹丽提出来的和解金压到最低；三、郝仁必须承担邹丽提出的和解金中的一部分。

这三个条件，郝父都答应了。

李松报道的新闻，对郝家造成了很坏的影响，街坊邻里从郝仁停薪留职的事，从综合信息来看，都猜出了新闻说的是他家的事。如果这次郝仁再被告诈骗，甭管最后结果如何，对郝仁的未来都只有坏影响，没有好作用。

“你应该对我说声抱歉吧？”在调解室，鲁小力看着郝仁，仇人相见，分外眼红。

“买我的房子，算你倒霉。”郝仁的浑蛋逻辑，一般人不懂。他并不觉得自己有错，腿还在桌子下抖。

“浑蛋！”邹丽把鲁小力心里的话喊了出来，她推门进来，正迎向郝仁，骂完，吐了一口唾沫，她对着鲁小力坐下了。

打了这么久的官司，当事三方才第一次聚齐。郝父说邹丽像明星孙俪，但她比孙俪脸大得多，颧骨也突出得多。看得出她美过，但也只是美过，如今，她脸上的斑清晰可见，两鬓有几根白发，脸上写满了生活的磨难。

郝仁站起来，隔着桌子还想打邹丽，被调解员拦下。

他又乱叫：“贱货，你把我儿子弄哪里去了？”

调解员干脆喊道：“肃静！这里是法庭！”

两人这才各自消停，全场也才安静，鲁小力像看一场闹剧，想起曾文文，心底一阵温柔：我们永远不会这样。

调解共花了四个小时的时间。

邹丽开始要一百万，鲁小力直接告诉她，不可能。

她自动降价到八十万，鲁小力还到四十万，邹丽不答应，鲁小力冲郝仁抽动了一下嘴角，问：“你能承担四十万吗？你能我就能。”郝仁掏出烟，还没点上，就被调解员用眼神制止了。他的手指夹着烟，冷笑着看前妻：“你想钱想疯了吧？不可能。”

沉默、僵持、博弈、调停。

最后鲁小力总结谈话：“我当时付了首付四十三万，就按这个价格和解吧。”

郝仁说：“我同意，但我声明，我就十万块钱，多一分钱也不会出的，邹丽，你看着办吧，过了这村没这店，今天谈不成，下次我可能连十万都没有了。”

邹丽想必是了解前夫的，她问调解员能不能给支烟，调解员否定了。她悻悻低头，思考了一会儿，抬头仇恨地看了看前夫，用仇恨的余光扫了扫鲁小力，答应了。

鲁小力长长地嘘出了一口气。

郝仁也配合地做松气状。

像三年前在建委过户时做的那样，调解书当场就出具了。三人签字画押后，调解员宣布，调解成功。

三年的官司，就此画上了句号。

当天晚上，鲁小力回到家，瘫在沙发上，对曾文文总结：“咱们真是打了一场恶仗。”

戏剧学院的女研究生自复式楼梯上缓缓下来，拿着本绿色封面的书，笑眯眯走向曾文文：“文文姐，我同学听说你是这本书的作者，还是我的房东，让我一定要替他要个签名。”

曾文文飞快地签上自己的笔名，笑眯眯把书还回去，等女研究生上楼了，她回头看鲁小力，他已经睡着了。

他们花了两周时间把各种理财产品和存折中的钱倒腾出来，凑够三十三万，用皮筋分别绑好，放在了灰色的摄影包里，约邹丽和郝仁在银行见面交割。

法院派了一名审判员跟着，郝仁和邹丽自始至终没给对方好脸色。鲁小力自始至终握着摄影包的带子，曾文文自始至终瞧着他。

银行柜台的验钞机翻滚着钞票，唰唰唰，红色的人民币在机器的运转下像一朵花。

三十三万元全部验完后，邹丽从柜台接过了一本存折，脸上又惊又喜又有些不敢置信。她打开存折，仔细看了看上面的数字，两只眼睛像吐出了两只舌头，鬓边的白发散乱不堪。

鲁小力抹了一把脸，一拥曾文文的肩：“走吧。”

曾文文努努嘴，示意鲁小力看邹丽，邹丽已蜷缩在柜台下捏着存折哭起来，郝仁在一边看笑话似的看着他的前妻。

鲁小力一阵反胃，如果不是房子的事儿，他一辈子都不会和这样的人发生关系，现在终于摆脱了关系。

不知为何，曾文文却一瞬间对邹丽有些女人对女人的同情和……谅解。

他俩带着空空的摄影包离开了银行，身后是继续算账的郝仁和邹丽。

“总有一天，我会把这些写出来，写进我的书里。关于这三年，关于立水桥北，关于灾和难，关于我的、我们的，真正的成长。”

站在车站，等公交车的时候，曾文文暗暗发誓。

“你明天开始吃叶酸吧。”鲁小力挤出了一个笑，是这三年他第一次舒心的笑。

十七、

孩子两岁多时，鲁小力和曾文文搬离了立水桥北。

两辆大货车拉着他们的家当，威风凛凛地进了城。

鲁小力换了份工作，要坐班，要每天打卡，穿得像房地产经纪人。

他也确实是在一家以房地产起家的公司负责影视方面的工作。

他想把地震时发生的事儿拍成电影。

吴向阳啊，裂开的地缝啊，机场的老兵啊，山和水啊，滚下的石头啊，仍在他的梦魂中。

他很少再回立水桥北。

曾文文倒是回去过一次，她是去昌平的一个和法律相关的单位作讲座，该单位的团委邀请她，让她以作家的角度谈谈年轻人的成长。

她去得太早，和邀请她的几位负责人聊了会儿天。

“我和你们打过交道，不过用的是别的方式。”曾文文聊起了当年的案子。

对方交换了一下眼神，正中间的那位，踌躇了一会儿，说道：“曾老师，我们先后发现了几起‘仙人跳’，与你的经历类似，不知你后来有没有追踪过那家人，也许也是仙人跳呢？”

曾文文觉得汗毛直竖。

带着寒气，她作完了讲座。

晚上，鲁小力下班回家，洗手、洗脸，和孩子亲亲抱抱，曾文文旁敲侧击地说起了“仙人跳”。

“是不是‘仙人跳’，如今还有什么意义吗？”鲁小力提都不想提当年，“我只想过好现在的日子，至于其他，就让它随风去吧。”

是的，随风去吧。

唯一的好消息是，从此，北京二手房的交易，过户当场即生效，避免了漏洞的产生，避免了有人因此出现新烦恼。

可是，有谁知道，这件事的前因后果、来龙去脉，是一对小人物，一对从异乡来北京发展、发誓要好好活下去的年轻夫妻惊慌失措、挣扎、奋斗、成长、自愈、直面、解决的故事呢？

只有那年的立水桥，那些熟悉的陌生人。

后记

文 / 林特特

前几天，参加作协培训，我听了一堂讲座。

台上的作家，是我父辈的年纪，成名作关于知青生活、知识分子生活。

谈到写作技巧，台下众人先是不住点头，而后掌声雷动，可见实用、受用。

而我，前辈所说，印象深刻的，只有以下几句——

关于写什么，不写什么，关于一个创作者的成长轨迹。

前辈说，一个创作者，一开始最想写的，让他激情澎湃，非写不可的，犹如上帝捉着他的笔的，大多是他亲身的经历，有感而发的人和事儿，也就是写自己。

接下来，当他把自己写完，写尽，这时，他的目光必然转向和他经历不同，但仍然让他有切身感触，又非常熟悉的人物。写作过程中，创作者必然要加工，必然要集中戏剧冲突，将几个类似的人，类似的故事放在一个人，一件事上表达，可这样的人物已经和真实的原型有些距离。读者呢？看到这些故事，也会想起生活中类似的人和事儿，这就是作者和读者都熟悉的陌生人。

创作的第三阶段，也是最高阶段，是写自己完全不熟悉，因为发生了兴趣，或者觉得有意义，而着力去补课，去体验生活，最终形成文字，又让读者觉得可信，也发生了兴趣，继而觉得有意义的故事。

……

我不由得想到正在写的稿子，《以自己喜欢的方式过一生·2》。

几年前出1时，因为是报纸的专栏结集，也因为当时的人生阶段，我基本上写的都是自己，受版面所限，篇幅也很短。

到2，年龄改变，阅历改变，创作的阶段改变，同时，报刊杂志不再是文章发表的唯一和最佳选择，于是，除了精神、气质，要表达的三观一致，关注小人物的喜怒哀乐、悲欢离合一致，倡导“以自己喜欢的方式过一生”的宗旨一致，和1比，2出现了很多变化。

现在，纸的另一端的你，所见的就是变化后的样子。

2中的人物、故事，都不是我，也还是我，更多是我生活中熟悉的陌生人。他们故事的一些片段，我甚至在之前写过，可仍意犹未尽，觉得应该拿出更长的篇幅去诉说一个更完整的故事。

2 的主题是情。

更深刻的主题是成长。

包括，一个人爱情观的成长，一个人在爱情中得到的自己的成长。

我不喜欢不顾一切、迷失自我、一味付出的爱情。

爱不是遇见你，爱上你，让你爱上我，那么简单粗暴。

包括亲情在内的所有情，高质量的给予和收获都与成长有关，都与彼此成就有关，如果不能善终，学会释然、放过，也是成长。

2中选取了五个有代表性的故事。

有患难夫妻相濡以沫的；有一见钟情，过程中把对方丢了，最终找回，还能一路同行的。

有特殊时期，误以为爱情就是一切，等自己强大后，逐渐放弃对别人的依赖，不再用爱情来做人生其他苦痛挡箭牌的。

还有不得已分开，终生惦念，认为“恩也是爱”的。

2 是我的一个阶段。

也希望正合乎你的某一阶段。

合乎你这一阶段的阅读需求，合乎你的审美。

那些故事中人，我们熟悉的陌生人，是情感路上的标本。

他们以自己喜欢的方式恋爱，过日子，不抱怨，不伤害，不计较得失，大步向前。

只要成长，就是收获。

这也是我对好的爱情的理解。

林特特

2018 年 11 月 3 日 上海 新湖明珠城